Jutta Douvitsas-Gamst · Eleftherios Xanthos
Sigrid Xanthos-Kretzschmer

DAS DEUTSCHMOBIL

Deutsch als Fremdsprache für Kinder

Lehrbuch 2

Ernst Klett International GmbH
Stuttgart

Das Deutschmobil

Deutsch als Fremdsprache für Kinder

Ein Lehrwerk in drei Stufen

Lehrbuch 2

von Jutta Douvitsas-Gamst, Eleftherios Xanthos (Zeichnungen)
und Sigrid Xanthos-Kretzschmer

Beratung: Heinz Wilms

Lieder (Komposition/Bearbeitung): Jürgen Schöntges

Redaktion: Gernot Häublein

Die zweite Lehrwerksstufe besteht aus:

Lehrbuch 2	ISBN 3-12-**675050**-8
Arbeitsbuch 2	ISBN 3-12-**675051**-6
Kassette 2	ISBN 3-12-**675053**-2
Lehrerhandbuch 2	ISBN 3-12-**675052**-4

9 783126 750509

1. Auflage 1 15 14 13 12 11 | 2006 2005 2004 2003 2002

Alle Drucke dieser Auflage können im Unterricht nebeneinander benutzt werden,
sie sind untereinander unverändert.
Die letzte Zahl bezeichnet das Jahr dieses Druckes.

Umschlag: Eleftherios Xanthos und Alfred Lahner
Druck: Schoder Druck GmbH & Co. KG, 86368 Gersthofen · Printed in Germany

ISBN 3-12-**675050**-8

Inhaltsverzeichnis

Themen, Texte, Situationen:
Lieblingswohnort; Haustypen; Familie Häusermann; Wohnungsskizze; Familien- und Wohnungsgeschichten; Gedicht: „Holter polter"; Geschichte: „Der Tag, der ganz schrecklich gewesen ist"; Gedicht: „Mein Abenteuerbuch"

Sprache:
Lieblingswohnort auswählen und begründen; Haustypen nach Textbeschreibung erkennen; Stichwörter zum Text passenden Überschriften zuordnen; eine Wohnungseinrichtung nach Skizze beschreiben; in Interviews nach Familiengeschichten fragen; Gedicht szenisch in Rollenspiel umsetzen; Gedichthandlung nach Schüttelkasten erzählen; über vorangegangene Ereignisse berichten; Geschichte nach Wortvorgabe fortsetzen; Gedicht durch Einsetzen des Endreims vervollständigen; Gedichthandlung wiedergeben

Grammatik:
Verben: Konjugation Präsens/Präteritum/ Perfekt von *mögen*,
Konjugation Perfekt (unregelmäßig),
Konjugation Perfekt mit *sein*;
Satzklammer im Perfekt
(Satzgefüge und Satzverbindungen, Wortfragen und Satzfragen)

Themen, Texte, Situationen
Gebäude und Geschäfte; das Schuhu geht einkaufen; Stadtplan; Feuerwehr sucht Krokodil; Inspektor Findig und Rudi Räuber; Buslinien; Verkehrsquiz; Lied: „Meine Oma fährt im Hühnerstall Motorrad"

Sprache:
Ziel, Ort, Herkunft angeben; sich nach Ziel, Ort, Herkunft befragen; Rahmengeschichte nach Vorgabe erweitern; Wege nach Stadtplan, Piktogrammen und Bildstationen beschreiben; nach dem Weg fragen, Auskunft geben; Dialog als Sketch szenisch darstellen, Dialog fortsetzen; Verkehrsregeln nach Bildvorlagen angeben

Grammatik:
Präpositionen mit Dativ;
Wechselpräpositionen mit Akkusativ und Dativ;
Subjunktoren: *wenn, dann*

Themen, Texte, Situationen
Geschichte: „Der unsichtbare Indianer"; die ideale Schule; eine endlose Schulgeschichte; was die Mitschüler zu Anna sagen (Bildgeschichte); Sprüche für das Poesiealbum

Sprache:
auf der Basis von Vorinformationen den Inhalt eines Briefes vermuten; Personen aus dem Text charakterisieren; Vorlieben und Abneigungen äußern; Basistext durch Austausch von Adjektiven variieren; trösten; lustige und persönliche Sprüche für ein Klassenalbum schreiben

Grammatik:
Adjektive: Deklination Nominativ Singular/Plural, nach bestimmtem und unbestimmtem Artikel, nach Possessiv- und Indefinitpronomen *kein-*

Viele Aufgaben im Lehrbuch werden im Arbeitsbuch durch Anschlussübungen mit derselben Nummer vertieft.
Den Anschlussübungen im Arbeitsbuch folgt zu jeder Lektion eine Wortliste mit einem Übungsteil, der sich nur auf den Wortschatz und den schriftlichen Ausdruck bezieht.

Dieser Lehrbuchtext ist auf der Kassette.

Hier kann ein zusätzlicher Hörtext von der Kassette eingesetzt werden. Dazu gibt es Übungen im Anhang des Arbeitsbuches (AB), S. 126 – 130

Das Monsterschloss

Lektion 1

Ludwig, das Gespensterkind

Ludwig wohnt in Monsterburg. Dort wohnen nur Gespenster. Monsterburg liegt in Dixiland. Die Gespenster kann man nur nachts besuchen, am Tage schlafen sie nämlich. Die Familie von Ludwig lebt im Monsterschloss.
Ludwig ist noch ein Gespensterkind. Wie alle Gespenster trägt er ein Gespensterhemd. Das Hemd ist lang und weiß und muss immer sauber sein. Das Hemd von Ludwig ist aber meistens schmutzig und hat überall Flecken. Ludwig ist nämlich nicht so ordentlich wie die anderen Gespensterkinder. Er tobt am liebsten durch den Gespensterwald und ärgert die Oberhexe Xanadu. Er nimmt Xanadu das Kopftuch weg, wenn sie spazieren gehen will. Er versteckt das Salz, wenn sie Drachensuppe kochen will. Er nimmt den Hexenbesen weg, wenn sie fliegen will. Das macht Xanadu böse, und schon lange will sie ihn fangen. Aber Ludwig ist immer schneller als sie.
Er ist ja auch erst 196 Jahre alt und geht noch in die Gespensterschule.
In die Schule geht er nicht so gern. Aber wenn er morgen die Prüfung besteht, bekommt er ein Zeugnis. Dann darf er nachts allein gespenstern.

Aber heute fängt Xanadu Ludwig doch. Böse fragt sie:

Wie heißt du?

Wo wohnst du?

Wie alt bist du?

Was machst du hier?

Musst du jetzt nicht in der Schule sein?

Schau mal dein Hemd an!
Wie muss ein Gespensterhemd aussehen?

Darfst du schon allein gespenstern?

Wann machst du die Prüfung?

Hast du vielleicht meinen Hexenbesen?

Wer hat mein Kopftuch?

1A1 *Was antwortet Ludwig wohl?
Spielt den Dialog.*

1A2 *Was sagt Xanadu noch zu Ludwig? Was gehört zusammen?*

1. Wenn du am Tage nicht schläfst,	a) bekommst du meine Katze.
2. Wenn du nicht ordentlich bist,	b) bist du nachts müde.
3. Wenn du soviel tobst,	c) bestehst du die Prüfung nicht.
4. Wenn du nicht in die Schule gehst,	d) rufe ich deinen Vater an.
5. Wenn du nicht lernst,	e) machst du dein Hemd kaputt.
6. Wenn du die Prüfung bestehst,	f) lernst du nichts.
7. Wenn du mich noch einmal ärgerst,	g) ist dein Hemd immer schmutzig.

Die Gespensterschule

Heute ist Prüfung für die Gespensterkinder.
Wenn sie die Prüfung bestehen, dürfen sie nachts allein gespenstern wie die Erwachsenen.
Die Gespensterlehrerin kommt in die Klasse:

Also, wir wollen noch einmal wiederholen. Zuerst heulen wir wie der Wind!

Huhuhuhuuuuuuu!

Jetzt lachen wir wie eine Hexe!

Hihihihiiiiiii!

Nun schlagen wir zwölfmal wie die Schlossuhr!

Ding-dong, ding-dong, ding-dong, ding-dong, ...

Wir schnarchen wie eine Eule!

Chr, chr, chrrrr!

Jetzt quietschen wir wie eine Tür!

Ui, ui, uiiiiiiiii!

Wir klopfen wie Regen am Fenster.

Poch, poch, poch, poch, ...

Sehr schön. Das macht ihr ja prima!

Und nun kommt die Prüfung: Hier ist die erste Aufgabe.
Ludwig! Wie macht man einem Lehrer Angst?

Ich mache dem Lehrer Angst, wenn ich wie eine Eule schnarche.

Richtig, Ludwig. Wie macht man einer Lehrerin Angst?

Ich mache der Lehrerin Angst, wenn ich wie eine Hexe lache.

Prima, Ludwig. Wie macht man einem Kind Angst?

Ich mache dem Kind Angst, wenn ich wie eine Tür quietsche.

Sehr gut, Ludwig. Wie macht man Hexen Angst?

Ich mache Hexen Angst, wenn ich das Zauberbuch verstecke.

Bravo, Ludwig. Und jetzt kommt der Zweite dran!...

1A3 *Spielt weiter Prüfung. Wählt dazu aus dem Kasten aus.*

Wie macht man	**einem**	Zauberer Großvater Mann Schüler Clown Junge**n** Kind Mädchen	Angst?	↔	Ich mache	**dem**	Zauberer Großvater Mann Schüler Clown Junge**n** Kind Mädchen	Angst, wenn...
	einer	Frau Oma Hexe Schülerin				**der**	Frau Oma Hexe Schülerin	
		Kinder**n** Schüler**n**				**den**	Kinder**n** Schüler**n**	

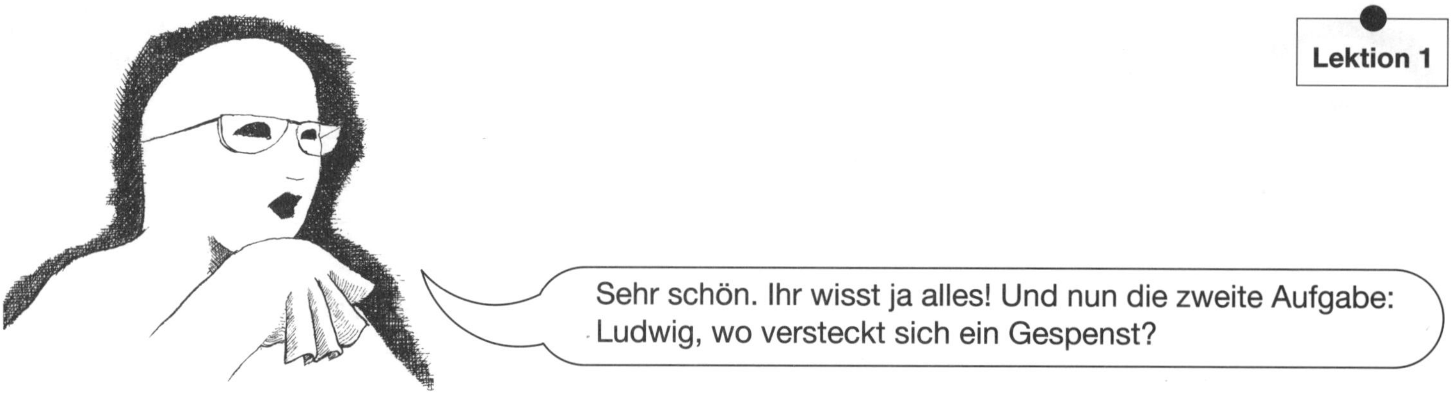

... auf dem Dach

... im Keller

... hinter der Tür

... unter der Treppe

... neben dem Bett

. . .vor dem Haus

. . .über dem Schrank

. . .zwischen den Bäumen

. . .am Fenster

1A4 *Spielt weiter Prüfung. Wählt dazu aus dem Kasten aus.*

<table>
<tr><td rowspan="4">Ein Gespenst versteckt sich</td><td colspan="2">im
am</td><td>Wald.
Tisch.
Schrank.
Teppich.
Fenster.
Dach.
Bett.</td></tr>
<tr><td rowspan="3">in
an
auf
hinter
unter
neben
vor
über
zwischen</td><td>dem</td><td></td></tr>
<tr><td>der</td><td>Schule.
Treppe.
Tür.
Badewanne.</td></tr>
<tr><td>den</td><td>Autos.
Häusern.
Bäumen.
Vorhängen.</td></tr>
</table>

Sehr schön. Ihr wisst ja alles! Und nun die 3. Aufgabe.
Ludwig, erzähl mal eine Gespenstergeschichte.

In einem Land liegt ein Wald. Und das ist ein Gespensterwald.
In dem Wald stehen Bäume. Und das sind Gespensterbäume.
Zwischen den Bäumen steht ein Schloss. Und das ist ein Gespensterschloss.
In dem Schloss ist eine Treppe. Und das ist eine Gespenstertreppe.
Unter der Treppe ist eine Tür. Und das ist eine Gespenstertür.
Hinter der Tür hängt ein Vorhang. Und das ist ein Gespenstervorhang.
Neben dem Vorhang liegt ein Teppich. Und das ist ein Gespensterteppich.
Auf dem Teppich sitzt eine Katze. Und das ist eine Gespensterkatze.
Vor der Katze liegt ein Buch. Und das ist ein Gespensterbuch.
In dem Buch steht eine Geschichte. Und das ist eine Gespenstergeschichte.
In der Geschichte steht:
In einem Land liegt ein Wald. Und das ist ein …

Prima, Ludwig. Jetzt kannst du allein gespenstern.
Und jetzt kommt der Zweite dran…

1A5 *a) Spielt weiter Prüfung. Erzählt Gespenstergeschichten wie im Beispiel.*

	dem	einem		steht	liegt	sitzt	ist	
In								
Auf		+	Wald				+	ein Baum. Und das ist...
Hinter	+		Baum	+				ein Stuhl. Und das ist...
Vor	+		Stuhl			+		ein Junge. Und das ist...
Neben	+		Jungen		+			ein Buch. Und das ist...
Unter	+		Buch	+				eine Geschichte. ...

In einem Wald ist ein Baum.
Und das ist ein Gespensterbaum.
Unter dem Baum steht ein Stuhl.
Und das ist ein Gespensterstuhl.
Auf dem Stuhl sitzt ein Junge.
Und das ist ein Gespensterjunge.
Neben dem Jungen liegt ein Buch.
Und das ist ein Gespensterbuch.
In dem Buch steht eine Geschichte.
Und das ist eine Gespenstergeschichte.
In der Geschichte steht...

b) Erzähl nun diese Geschichte:

	dem	einem		steht	liegt	sitzt	ist	
In								
Auf		+	Dorf	+				ein Schloss. Und das ist...
Hinter	+		Schloss				+	ein Zimmer. Und das ist...
Vor	+		Zimmer	+				ein Regal. Und das ist...
Neben	+		Regal	+				ein Buch. Und das ist...
Unter								...

c) ... und nun diese:

	der	einer		steht	liegt	sitzt	ist	
In								
Auf		+	Küche	+				eine Kommode. Und das ist...
Hinter	+		Kommode				+	eine Kiste. Und das ist...
Vor	+		Kiste		+			eine Tasche. Und das ist...
Neben	+		Tasche	+				ein Buch. Und das ist...
Unter								...

d) ... und nun diese:

	den			stehen	liegen	sitzen	sind	
In								
Auf		+	Häuser**n**				+	Zimmer. Und das sind...
Hinter	+		Zimmer**n**	+				Schränke. Und das sind...
Vor	+		Schränke**n**	+				Tische. Und das sind...
Neben	+		Tische**n**		+			Bücher. Und das sind...
Unter	+		Bücher**n**	+				...

1A6 *Du bist ein Gespenst. Wo versteckst du dich? Lass die anderen raten.*

Versteckst du dich im Wald?

Nein, falsch.

Versteckst du dich unter dem Bett?

Ja, richtig.

	im **am**
in, an, auf, hinter, vor, neben, unter, über, zwischen	**dem / der ...**
	den ...

der Wald	**das Fenster**	**die Tische(...)**	**der Keller**	**die Tür**	**die Bäume(...)**
der Teppich	**der Tisch**	**die Bücher(...)**	**die Kiste**	**das Bett**	**die Regale(...)**
die Treppe	**die Kommode**	**der Vorhang**	**das Dach**	**das Auto**	**die Häuser(...)**
der Schrank	**die Vorhänge(...)**	**das Schloss**	**der Stuhl**	**der Koffer**	**die Burg**

Das Schuhu

Das Schuhu ist kein Gespenst. Es ist kein Monster und keine Hexe. Das Schuhu ist auch kein Zauberer. Das Schuhu ist nicht dick und ist nicht dünn. Es ist nicht groß und ist nicht klein. Es ist nicht rund und ist nicht eckig.
Das Schuhu ist ein Schuhu und der Freund von Ludwig.
Heute Nacht will Ludwig zum ersten Mal allein gespenstern. Das Schuhu soll mitkommen und ihm helfen. Die Katze von Xanadu kommt natürlich auch mit. Das Schuhu zieht ein Gespensterhemd von Ludwig an. Jetzt sieht es aus wie ein Schuhu im Gespensterhemd.

„Und wie kann ich dir helfen?“ fragt das Schuhu.
„Du hilfst mir, wenn du alles genauso machst wie ich“, antwortet Ludwig.
„Was muß ich denn machen?“ fragt das Schuhu noch einmal.
„Ganz einfach“, sagt Ludwig, „du musst heulen, lachen. schnarchen, quietschen und klopfen.“
„Aha“, sagt das Schuhu.

Und sie fliegen über die Berge, über den Mondsee, durch den Wald, über die Autobahn nach Salzburg. Um Mitternacht kommen sie in Salzburg an und fliegen in die Burg.
„So“, sagt Ludwig, „jetzt gespenstern wir.“
„Aha“, sagt das Schuhu.

In der Burg ist ein Fenster offen. Durch das Fenster sieht Ludwig zwei Kinder. Sie liegen im Bett und schlafen.
„Los, quietschen und in das Zimmer fliegen!“ flüstert Ludwig.
„Huhuhuuu!“ macht das Schuhu und fällt unter das Fenster. Jetzt liegt es unter dem Fenster.
„Au weia“, sagt das Schuhu.
„Los, schnarchen und auf das Bett fliegen!“ flüstert Ludwig.
„Ding-dong, ding-dong“, macht das Schuhu und fällt vor das Bett. Jetzt liegt es vor dem Bett.
„Au weia“, sagt das Schuhu.
„Los, heulen und neben die Tür fliegen“, flüstert Ludwig.
„Hihihihi“, macht das Schuhu und fällt hinter die Tür. Jetzt liegt es hinter der Tür.
„Au weia“, sagt das Schuhu.

Da wachen die Kinder auf.

„Ich habe Durst“, sagt der Junge. „Ich auch!“ ruft das Mädchen.

„Nicht mal ruhig schlafen kann man!“ sagt der Junge. „Sogar nachts kommen die Touristen auf die Burg und machen Krach!“ Und sie gehen in die Küche.

„Du bist eben kein Gespenst“, sagt Ludwig, „nicht einmal Kinder kannst du erschrecken.“

„Huhuhuhuuu“, heult das Schuhu, „ein Schuhu bleibt eben ein Schuhu!“

1A7 *Steht das so im Text? Wenn ja, gib die Zeile(n) an.*

	Zeile(n)
1. Das Schuhu sieht wie Ludwig aus.	....
2. Ludwig und das Schuhu sind Freunde.	....
3. Ludwig hat jetzt eine Katze.	....
4. Das Schuhu will Ludwig helfen.	....
5. Ludwig und das Schuhu fahren nach Salzburg.	....
6. In der Burg sind die Fenster offen.	....
7. Zuerst fliegen Ludwig und das Schuhu auf das Bett.	....
8. Das Schuhu kann nicht schnarchen.	....
9. Das Schuhu lacht und fällt hinter die Tür.	....
10. Die Kinder können nicht ruhig schlafen.	....
11. Die Kinder sind hungrig und gehen in die Küche.	....
12. Das Schuhu kann nicht gut gespenstern.	....

AB, S. 126

1A8 Ludwig, das Gespensterkind

Melodie: J. Schöntges

2. Ludwig, das Gespensterkind,
klopft auf der Treppe so
wie Tropfen, die unheimlich sind,
und dann erschrickst du so'.

3. Ludwig, das Gespensterkind,
lacht vor dem Fenster so
wie Hexen, die ganz böse sind,
und dann erschrickst du so.

4. Ludwig, das Gespensterkind,
quietscht in dem Zimmer so
wie Türen, die verrostet sind,
und dann erschrickst du so.

5. Ludwig, das Gespensterkind,
träumt manchmal fürchterlich
von Monstern, die viel größer sind,
und dann erschrickt er sich.

1B1 *Nomen mit dem bestimmten Artikel im Dativ*

Singular	maskulin			feminin	neutral
Nominativ Akkusativ	der Vater den Vater	der Junge ! den Junge**n**	der Mensch ! den Mensch**en**	die Mutter die Mutter	das Kind das Kind
Dativ	dem Vater	dem Junge**n**	dem Mensch**en**	der Mutter	dem Kind

Erzähle Geschichten wie im Beispiel.

Alle sind so unordentlich:
der Vater (die Mutter – die Socken)

Der Vater ist unordentlich.
Die Mutter fragt den Vater:
Wem gehören die Socken?
Die Socken gehören natürlich dem Vater.

1. das Schuhu (das Gespenst – das Hemd)
2. die Tante (der Onkel – die Jacke)
3. der Herr ! (die Frau – die Zeitung)
4. der Tourist ! (der Mann – der Koffer)
5. der Erwachsene ! (das Kind – die Tasche)
6. die Lehrerin (der Schüler – das Buch)
7. das Mädchen (der Junge – das Spielzeug)

Plural	maskulin		feminin		neutral		
Nominativ Akkusativ	die Väter ! die Väter !	die Junge**n** die Junge**n**	die Mütter ! die Mütter !	die Frau**en** die Frau**en**	die Kinder ! die Kinder !	die Mädchen die Mädchen	die Autos die Autos
Dativ	den Väter**n**	den Junge**n**	den Mütter**n**	den Frau**en**	den Kinder**n**	den Mädchen	den Autos

Erzähle Geschichten wie im Beispiel.

Alle haben Angst:
die Jungen (im Monsterschloss)

Die Jungen sind im Monsterschloss.
Ludwig sieht die Jungen.
Ludwig macht den Jungen Angst.

1. die Lehrer ! (im Wald)
2. die Kinder ! (im Keller)
3. die Schüler ! (in der Burg)
4. die Brüder ! (am See)
5. die Hexen (im Restaurant)
6. die Krokodile ! (im Zoo)
7. die Clowns (im Zirkus)
8. die Schwestern (auf dem Balkon)

1B2 *Nomen mit dem unbestimmten Artikel im Dativ*

Singular	maskulin	feminin	neutral	Plural
Nominativ Akkusativ	ein Mann ein**en** Mann	ein**e** Frau ein**e** Frau	ein Kind ein Kind	Menschen Menschen
Dativ	ein**em** Mann	ein**er** Frau	ein**em** Kind	Menschen

Erzähle Geschichten mit bekannten Nomen wie im Beispiel.

Da müssen ja sogar Hühner lachen!

Da ist ein Mann.
Das Schuhu will einen Mann ärgern.
Kann das Schuhu einem Mann Angst machen?
Da müssen ja sogar Hühner lachen!

1B3 *Situativangaben mit dem Dativ*

	am **im**
an auf hinter in neben über unter vor zwischen	**dem** Tisch **der** Kiste **dem** Bett **den** Stühlen

Reime weiter:

Ene, mene, mudwig,
wo ist Ludwig?
Ele, mele, misch,
er sitzt (liegt, steht, ist) unter dem Tisch.
Ene, mene, mudwig,
. . .

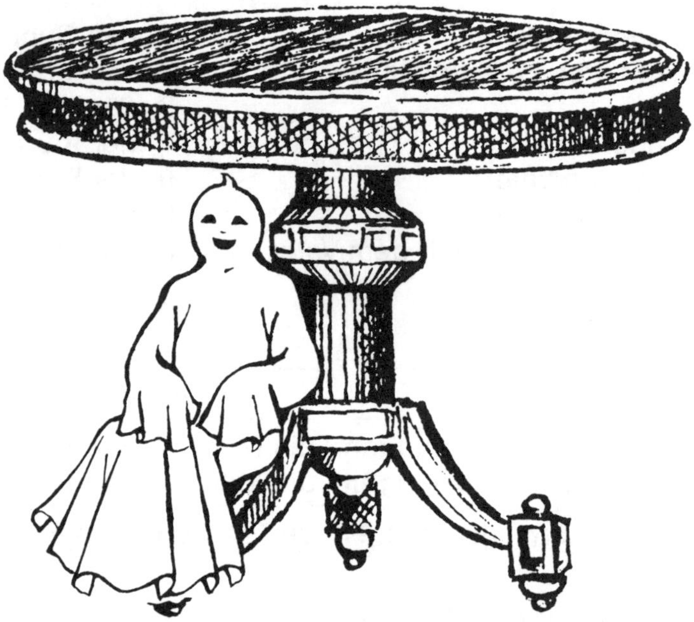

1B4 *Verben: Konjugation Präsens*

Infinitiv		wissen
1. Pers. Sg.	ich	weiß
2. Pers. Sg.	du	weiß**t**
3. Pers. Sg.	er	weiß
	sie	weiß
	es	weiß
1. Pers. Pl.	wir	wiss**en**
2. Pers. Pl.	ihr	wiss**t**
3. Pers. Pl.	Sie	wiss**en**
	sie	wiss**en**

1B5 *Satzmodelle*

1. Wenn die Sonne (scheint), (schlafen) die Gespenster.

2. Wenn sie Geburtstag (feiern), (machen) die Gespenster eine Party.

Zu welchem Satzmodell gehören die Sätze? Trage die richtige Nummer ein.

☐ Wenn Ludwig der Oma Angst macht, quietscht er.
☐ Wenn Kinder Durst haben, gehen sie in die Küche.
☐ Wenn Gespenster krank sind, bleiben sie im Bett.
☐ Wenn es hell ist, schlafen die Gespenster.
☐ Wenn Dixi lustig ist, tanzt sie.
☐ Wenn Xanadu lustig ist, singt sie Hexenlieder.

3. Wenn es Nacht (wird), (stehen) die Gespenster (auf).

4. Wenn der Winter (kommt), (ziehen) die Gespenster einen Mantel (an).

Zu welchem Satzmodell gehören die Sätze? Trage die richtige Nummer ein.

☐ Wenn Ludwig gespenstert, kommt das Schuhu mit.
☐ Wenn Dixi nach Pokusheim fährt, kauft sie ein.
☐ Wenn Ludwig das Schuhu besucht, räumen sie das Zimmer auf.
☐ Wenn Ludwig Dixi besucht, sehen sie fern.
☐ Wenn das Schuhu heult, sieht es lustig aus.
☐ Wenn Xanadu allein ist, ruft sie Dixi an.

Tauschen

Ein Bauernmärchen

Es **war** einmal ein Bauer.
Er **hatte** eine Frau und ein Kind.
Sie **wohnten** auf einem Bauernhof.
Sie **hatten** Kühe und Schweine.
Der Mann **arbeitete** auf dem Feld.
Die Frau **fütterte** die Tiere, **machte** das Haus sauber, **kochte** das Essen und **spielte** mit dem Kind.

Einmal **sagte** der Mann: „Du hast es gut. Du kannst immer im Haus bleiben. Die Arbeit auf dem Feld ist viel schwerer.“ Da **war** die Frau böse und **sagte**: „Wenn du willst, können wir ja die Arbeit tauschen. Ich arbeite morgen auf dem Feld, und du machst die Arbeiten im Haus.“
„Gut“, **sagte** der Bauer und **lachte**.

Am Morgen **war** der Mann allein im Haus, und die Bäuerin **arbeitete** auf dem Feld.

Zuerst **machte** der Mann Butter. Er **holte** Milch und **stellte** sie auf den Tisch. Aber dann **war** er durstig. Er **rannte** in den Keller und **holte** Bier. Plötzlich **hörte** der Bauer Lärm. Ein Schwein **quietschte** in der Küche. „So ein Mist“, **dachte** er wütend, „das Schwein will bestimmt die Milch trinken.“ Und so **war** es auch.

Dann **holte** er die Kuh. „Die Kuh kann auf dem Dach fressen. Da ist genug Gras“, **dachte** er. Er **legte** ein Brett an das Dach. Und er **brachte** die Kuh auf das Dach. Jetzt **hatte** die Kuh genug Gras. Da **hörte** der Bauer wieder Lärm: Das Kind **weinte** in der Küche. „So ein Mist“, **dachte** der Bauer wütend, „das Kind ist hungrig und will essen.“ Und so **war** es auch.

Er **stellte** den Topf auf das Feuer. Plötzlich **hörte** der Bauer Lärm auf dem Dach. Er **schaute** nach oben. Da **steckte** die Kuh mit den Beinen im Dach. „So ein Mist“, **dachte** der Bauer wütend, „die Kuh ist zu schwer. Die fällt bestimmt in den Topf.“ Und so **war** es auch.

Da **öffnete** die Bäuerin die Tür. Sie **lachte** laut und **fragte** den Mann: „Na, ist die Arbeit im Haus leichter?“ „Nein. Das sage ich nie wieder“, **antwortete** der Mann leise. Der Bauer und die Bäuerin **lebten** nun glücklich, und sie **tauschten** nie wieder.

2A1 *Die Arbeit im Haus war doch nicht so leicht. Was machte der Bauer noch alles?*
a) Erzähle.

Er back**te** Brot	und	koch**te** Mehl.
Er räum**te** die Küche auf	und	stell**te** die Butter auf das Feuer.
Er fütter**te** die Schweine	und	br**a**ch**te** Kuchen.
Er mach**te** sauber	und	hol**te** einen Eimer mit Bier.
Er koch**te** das Essen	und	back**te** die Suppe.
Er spiel**te** mit dem Kind	und	leg**te** das Kind ins Bett.
Er hol**te** Bier	und	stolper**te** auf der Kellertreppe.
Er r**a**nn**te** in den Keller	und	such**te** die Kuh.
Er pflück**te** Äpfel	und	kletter**te** auf den Schrank.
Er mach**te** Licht	und	öffn**ete** das Fenster.

b) Es gibt auch noch andere Möglichkeiten.

2A2 *Wie war das im Märchen?*
Erzähle.

Der Bauer Die Bäuerin Das Kind Das Schwein Die Kuh Der Bauer und die Bäuerin	**war** **waren** **hatte** **hatten**		auf einem Bauernhof. eine Kuh und Schweine. schwer. auf dem Feld. im Haus. die Tiere. das Essen. mit dem Kind. sauber. die Arbeit. allein im Haus. Butter. Milch. die Milch auf den Tisch. durstig. in den Keller. Bier. Lärm. in der Küche. die Kuh. ein Brett an das Dach. die Kuh auf das Dach. genug Gras. Lärm in der Küche. den Topf auf das Feuer. Lärm auf dem Dach. nach oben. mit den Beinen im Dach. die Tür. laut. den Mann. glücklich. nie wieder.
	quietsch- wohn- hol- koch- mach- leg- wein- steck- schau- stell- hör- fütter- lach- spiel- leb- tausch-	**te** **ten**	
	arbeit**e**- öffn**e**-		
	rann- brach-		

So lebten die Bauern: Alles unter einem Dach

In Norddeutschland waren die Bauernhäuser früher sehr groß. Menschen und Tiere lebten damals zusammen unter einem Dach. Das Dach war aus Stroh und brannte leicht. Auf dem Dach hatten die Bauernhäuser Pferdeköpfe aus Holz. Oben war der Dachboden. Unten in der Mitte war die Diele. Rechts und links neben der Diele waren die Ställe. Rechts war der Pferdestall, und links waren der Kuhstall und der Schweinestall. Hinter dem Pferdestall waren das Kinderzimmer und das Schlafzimmer für die Eltern.

Hinten in der Diele war die Küche. Hinter der Küche waren Schlafzimmer und das Wohnzimmer. Die Zimmer waren sehr klein. Am größten war die Küche. Dort kochte die Bäuerin das Essen, backte das Brot und machte Wurst, Butter und Käse. Der Herd und der Backofen waren in der Wand. In der Küche war kein Wasserhahn. Vor dem Haus war der Brunnen. Dort holte man das Wasser.

Und die Toilette? Wo war die Toilette?

2A3 *Was war da? Stellt euch untereinander Rätselfragen.*

Was **war**	auf dem Dach? rechts neben der Diele? hinter dem Pferdestall? auf dem Dachboden? links neben der Diele? unten in der Mitte? vor dem Haus? im Brunnen? hinten in der Diele? in der Wand? neben dem Kinderzimmer?

↔

Auf dem Dach ...	**war** **waren**	Stroh. Pferdeköpfe. ...

Arbeit für alle

Viele Menschen waren früher Bauern. Alle arbeiteten schwer, auch die Großeltern und die Kinder. Die Kinder hatten damals keine Zeit für die Schule und für Spiele. Die Jungen arbeiteten mit dem Bauern auf dem Feld, und die Mädchen arbeiteten mit der Bäuerin in der Küche. Im Sommer waren die Bauern schon um vier Uhr morgens auf dem Feld. Die Bauern brauchten nicht viel, und sie machten alles selbst: Brot, Butter, Wurst, Käse, Kleider und Werkzeug. Die Bäuerin kochte für alle das Essen. Mittags waren alle zusammen am Tisch.

Ein Bett für viele

Im Winter war es im Bauernhaus furchtbar kalt, besonders nachts. Die Betten waren im Wohnzimmer. Nur im Wohnzimmer war ein Ofen. Den Ofen heizte man Tag und Nacht. Zwei Betten waren in der Wand. Ein Bett war für die Bäuerin und den Bauern, ein Bett war für alle Kinder. Das Baby legte man in eine Wiege. Die Betten waren sehr schmal und kurz. Vor den Betten waren Vorhänge. Die Vorhänge machte man am Tag zu. Mit einer Öllampe machte man Licht, wenn es dunkel war. Die Betten wärmte man mit einer Bettpfanne.

2A4 *Bearbeite die Anschlussaufgabe im Arbeitsbuch.*

Ein Prinz im Märchenland

Es war einmal ein Prinz. Der liebte eine Prinzessin und **wollte** sie heiraten.
Aber die Prinzessin hatte keine Eltern mehr und **musste** bei einem Zauberer arbeiten.
Sie **musste** für den Zauberer kochen, Wäsche waschen und sauber machen.
Sie **konnte** das Schloss nicht verlassen und **durfte** den Prinzen nicht sehen.
Der Prinz aber **konnte** ohne die Prinzessin nicht leben. Er war sehr traurig und
wollte sie befreien. Eine Fee im Wald **wollte** ihm helfen.
Er **sollte** drei Prüfungen bestehen.
Zuerst **musste** er den Drachen im Zauberwald besiegen.
Die Fee brachte ihm ein Schwert.
Nun **konnte** der Prinz den Drachen besiegen.
Dann **musste** der Prinz den Schatz im Schloss finden.
Die Fee brachte ihm einen Schlüssel.
Nun **konnte** der Prinz alle Türen öffnen und den Schatz holen.
Dann **musste** der Prinz mit dem Zauberer kämpfen.
Die Fee brachte ihm einen Zauberstab.
Nun **konnte** der Prinz den Zauberer verzaubern und die Prinzessin befreien.
Die Hochzeit **sollte** im Zauberschloss sein. So **wollte** es die Fee.
Und alle **durften** das Fest mitfeiern und mittanzen.

2A5 *a) Erzähle das Märchen noch einmal mit:*

Prinz Eisenherz (der Prinz) | Rotkäppchen (die Prinzessin) | die Hexe (der Zauberer) | der Zwerg (die Fee) | der Riese (der Drache)

b) Und noch einmal mit:

Supermann (der Prinz) | Schneewittchen (die Prinzessin) | das Gespenst (der Zauberer) | der Froschkönig (die Fee) | der Wolf (der Drache)

AB, S. 126

Für den König unterwegs

Lektion 2

2A6 *Ordne den Bildern den passenden Text zu und trage die Nummern ein.*

(2) Ritter Kunibert rannte gleich mit dem Brief los.
Er rannte so schnell wie der Wind.
Aber den Brief hatte er fest in der Hand.

(1) Der König hatte einen Brief für Fräulein Gudrun.
Er holte Ritter Kunibert.
Ritter Kunibert sollte den Brief sofort
zu Fräulein Gudrun bringen.

(7) Endlich erreichte Ritter Kunibert das Schloss.
Er war kaputt und schwitzte.
Aber den Brief brachte er sicher zu Fräulein Gudrun.

(5) Danach musste er mit drei Rittern
kämpfen.
Sie wollten den Brief haben.
Aber Ritter Kunibert besiegte die Ritter.
Und den Brief hatte er fest in der Hand.

(3) Unterwegs regnete es stark,
und Ritter Kunibert war ganz nass.
Aber den Brief hatte er fest
in der Hand.

(9) Fräulein Gudrun weinte und tobte.
Dann verprügelte sie Ritter Kunibert.

(6) Nun musste er tagelang durch einen Wald laufen.
Er war hungrig und durstig.
Aber den Brief hatte er fest in der Hand.

(4) Dann musste er über einen Fluss schwimmen.
Den Brief hatte er fest zwischen den Zähnen.

(8) Fräulein Gudrun öffnete den.
Der Brief machte sie furchtbar wütend.

2A7 *Was berichtete Ritter Kunibert dem König?*

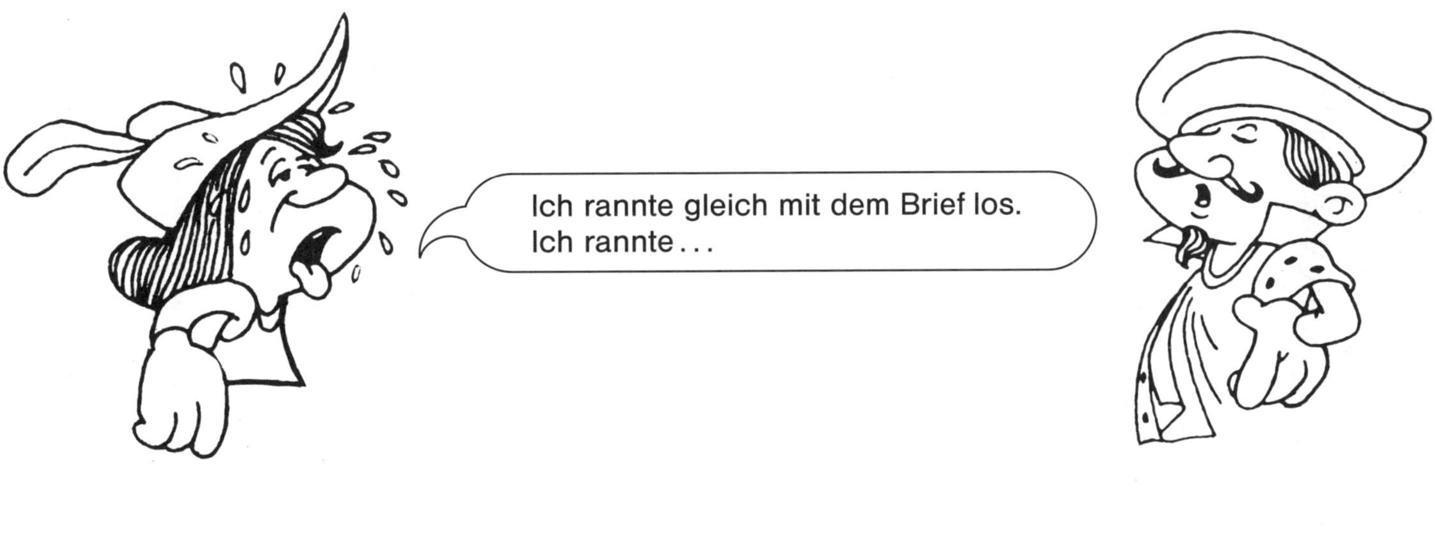

2A8 *Was stand wohl in dem Brief an Fräulein Gudrun?*
Wähle aus und stelle einen Brief zusammen.

Der Brief vom König

Königsstadt, den 1. 4. 1485

Liebe Gudrun,
Liebes Fräulein Gudrun,
Meine liebe Gudrun,

mir geht es gut. Wie geht es dir?
wie geht es dir? Mir geht es nicht gut.
hallo, wie geht's? Was machst du?

Ich liebe dich sehr. Wann kommst du?
Ich liebe dich nicht mehr so wie früher. Sei nicht traurig.
Wenn du Lust hast, kannst du mich besuchen. Ich habe aber wenig Zeit.

In zwei Monaten heirate ich Fräulein Ute. Sie ist schön wie eine Fee.
Ich habe Schwierigkeiten mit den Piraten. Sie wollen Königsstadt angreifen.
Ich brauche Geld. Kannst du deinen Schatz mitbringen?

Wenn wir mit den Piraten kämpfen müssen, komme ich erst in drei Jahren zurück.
Wenn du kein Geld hast, kann ich dich nicht heiraten. Aber wir können Freunde bleiben.
Wenn du kommen willst, kannst du mitfeiern und mittanzen.

Viele Grüße
Herzliche Grüße
Grüße und Küsse

von König Rudolf | dein König Rudolf | dein Rudolf

2B1 *Verben: Konjugation Präteritum*

a) regelmäßig

Infinitiv		spielen	arbeiten
1. Pers. Sg.	ich	spiel**te**	arbeit**ete**
2. Pers. Sg.	du	spiel**test**	arbeit**etest**
3. Pers. Sg.	er sie es	spiel**te** spiel**te** spiel**te**	arbeit**ete** arbeit**ete** arbeit**ete**
1. Pers. Pl.	wir	spiel**ten**	arbeit**eten**
2. Pers. Pl.	ihr	spiel**tet**	arbeit**etet**
3. Pers. Pl.	Sie	spiel**ten**	arbeit**eten**
	sie	spiel**ten**	arbeit**eten**

b) „haben“

	haben
ich	hat**te**
du	hat**test**
er sie es	hat**te** hat**te** hat**te**
wir	hat**ten**
ihr	hat**tet**
Sie	hat**ten**
sie	hat**ten**

c) „sein“

	sein
ich	war
du	war**st**
er sie es	war war war
wir	war**en**
ihr	war**t**
Sie	war**en**
sie	war**en**

d) gemischt

Infinitiv		bringen	denken	brennen	rennen
1. Pers. Sg.	ich	brach**te**	dach**te**	brann**te**	rann**te**
2. Pers. Sg.	du	brach**test**	dach**test**	brann**test**	rann**test**
3. Pers. Sg.	er sie es	brach**te** brach**te** brach**te**	dach**te** dach**te** dach**te**	brann**te** brann**te** brann**te**	rann**te** rann**te** rann**te**
1. Pers. Pl.	wir	brach**ten**	dach**ten**	brann**ten**	rann**ten**
2. Pers. Pl.	ihr	brach**tet**	dach**tet**	brann**tet**	rann**tet**
3. Pers. Pl.	Sie	brach**ten**	dach**ten**	brann**ten**	rann**ten**
	sie	brach**ten**	dach**ten**	brann**ten**	rann**ten**

Erster Merkvers zum Präteritum

Es war einmal ein Mann,
der … einen Schwamm.

Sein Schwamm war ihm zu nass,
da … er auf die Straß’.

Die Straß’ … ihm zu kalt,
da … er im Wald.

Der Wald … ihm zu grün,
da … er in Berlin.

Berlin … ihm zu klein,
da … er ein Schwein.

Das Schwein … ihm zu rund,
da … er einen Hund.

Der Hund … ihm zu nett,
da … er sich ins Bett.

Im Bett … eine Maus,
und die Geschichte ist aus.

2B2 *Modalverben: Konjugation Präteritum*

Infinitiv		müssen	können	dürfen	sollen	wollen
1. Pers. Sg.	ich	muss**te**	konn**te**	durf**te**	soll**te**	woll**te**
2. Pers. Sg.	du	muss**test**	konn**test**	durf**test**	soll**test**	woll**test**
3. Pers. Sg.	er sie es	muss**te** muss**te** muss**te**	konn**te** konn**te** konn**te**	durf**te** durf**te** durf**te**	soll**te** soll**te** soll**te**	woll**te** woll**te** woll**te**
1. Pers. Pl.	wir	muss**ten**	konn**ten**	durf**ten**	soll**ten**	woll**ten**
2. Pers. Pl.	ihr	muss**tet**	konn**tet**	durf**tet**	soll**tet**	woll**tet**
3. Pers. Pl.	Sie	muss**ten**	konn**ten**	durf**ten**	soll**ten**	woll**ten**
	sie	muss**ten**	konn**ten**	durf**ten**	soll**ten**	woll**ten**

Setze die Verben im Präteritum in den Merkvers ein.

sein, arbeiten, wohnen, kaufen, holen, legen, haben, rennen

So fing es an . . .

Carlos Zimpanelli war der Gründer von Zirkus Zimpanelli. Er war 20 Jahre Zirkusdirektor. Er kam 1885 von Italien nach Deutschland. Er arbeitete in München als Kaufmann und verdiente viel Geld. Schon als Kind hatte Carlos Zimpanelli einen Traum: Er wollte Zirkusdirektor werden.
Vier Jahre später verkaufte er sein Geschäft und fuhr im Sommer nach Afrika. Dort kaufte er Tiere für seinen Zirkus. Ein Jahr später kam er zurück.
Er brachte Raubtiere, Elefanten und Affen nach München mit.
Er liebte Raubtiere über alles und zeigte als Dompteur die Raubtiernummer. Am 15. Dezember machte er seine erste Zirkusvorstellung.
Seine Raubtiernummer war eine Sensation. Sehr viele Leute kamen und sahen die Vorstellung. Alle fanden Zirkus Zimpanelli fantastisch.

3A1 *Erzähle zu den Jahreszahlen über das Leben von Carlos Zimpanelli.*

1885 . . ., 1889 . . ., 1890 . . ., von 1890 bis 1910 . . .

Nun machte Zirkus Zimpanelli jeden Abend seine Vorstellung. Der Direktor sagte das Programm an und zeigte die Raubtiernummer, die Löwen sprangen durch den Reifen, die Leoparden liefen über das Seil, die Clowns machten Quatsch, die Elefanten brachten einen Zirkuswagen in die Manege, der Bär tanzte Walzer, die Affen fuhren mit dem Fahrrad, der Papagei sang ein Lied, die Frau Direktor ritt auf einem Pferd, die Robbe spielte Ball.
Und so ging es jeden Abend.
Doch dann kamen jeden Tag weniger Leute in den Zirkus. Der Zirkus verdiente immer weniger Geld, und zuletzt blieb die Kasse leer.
Da wurden die Zirkusleute und die Tiere sehr traurig, und hungrig waren sie auch. „So geht es nicht mehr weiter", sagte Carlos Zimpanelli, „wir müssen alles anders machen. Wir ändern das Programm."

3A2 *Wie war das alte Programm? Erzähle mit Hilfe des Schüttelkastens.*

Die Robbe Der Papagei Die Leoparden Die Frau Direktor Der Bär Der Direktor Die Elefanten Die Löwen Die Affen Die Clowns	sag- mach- zeig- tanz- spiel-	te	das Programm an. Quatsch. die Raubtiernummer. Walzer. Ball.
	brach-	ten	einen Zirkuswagen.
	sprang- fuhr- lief- sang- ritt-	--- en	durch den Reifen. mit dem Fahrrad. über das Seil. ein Lied. auf einem Pferd.

3A3 *Was änderte der Zirkusdirektor im Programm? Macht Vorschläge mit Hilfe des Schüttelkastens wie im Beispiel.*

Die Robbe tanzte über das Seil, ...

Bald hatte Zirkus Zimpanelli wieder genauso viel Erfolg wie früher. Es gab immer wieder Sensationen.

3A4 *Erfinde Zirkussensationen wie im Beispiel.*

Zirkussensationen

Musikclowns – ein Tanzbär –
ein Zauberer – Zebras – ein Gespenst – eine Seiltänzerin –
Krokodile – die Geschwister Meier – ein Mäusedompteur –
eine Schlange – eine Giraffe – ein Monsterorchester –
ein Affenbaby – ein Wetterfrosch – ein Zauberdrache

(machte/machten) den Zirkusdirektor nass –
(tanzte/tanzten) auf Tischen – (tanzte/tanzten) Walzer –
(quietschte/quietschten) wie Gespenster – (fuhr/fuhren) über das Seil –
(sprang/sprangen) über die Kiste – (zeigte/zeigten) ein Mäuseballett –
(kletterte/kletterten) auf den Mond – (fuhr/fuhren) mit dem Fahrrad –
(spielte/spielten) Zirkusmusik – (machte/machten) Salto mortale –
(sang/sangen) das Programm – (zauberte/zauberten) ein Schiff –
(schnarchte/schnarchten) laut – (lief/liefen) über das Seil

Beispiel: Musikclowns quietschten wie Gespenster, ...

Als Carlos Zimpanelli die Piraten erschreckte ...

Wie war das damals, als dein Urgroßvater die Piraten erschreckte?

Mein Urgroßvater war 28 Jahre alt, als er 1889 das erste Mal nach Afrika fuhr.
Er wollte dort Tiere für seinen Zirkus kaufen. Als er zehn Monate später nach Europa zurückfuhr, hatte er zwei Löwen, drei Leoparden, zwei Elefanten und vier Affen.
Der Kapitän schimpfte ganz laut, als er die Tiere sah.
Aber als Carlos Zimpanelli seine Löwennummer zeigte, hatte der Kapitän bald keine Angst mehr. Carlos arbeitete nämlich schon zwei Monate mit den Löwen, und die Löwen waren nicht mehr wild.
Als Carlos „Hopp!“ rief, sprangen die Löwen über eine Kiste.
Als Carlos „Auf!“ rief, machten die Löwen das Maul auf und zeigten ihre Zähne.
Als Carlos „Hoch!“ rief, legten die Löwen ihre Pfoten auf die Schultern von Carlos.
Da durfte mein Urgroßvater seine Tiere an Bord bringen.

Und was passierte dann?

Als auch das Futter für die Tiere an Bord war, ging die Reise los.
Die Schiffsfahrt dauerte schon zwei Wochen, als sie plötzlich ein Piratenschiff sahen.
Das Schiff kam näher und näher.
Alle hatten Angst.

Und was passierte dann?

Da hatte Urgroßvater Zimpanelli eine Idee!
Er holte seine Löwen. Als das Piratenschiff ganz nah war, rief Carlos: „Hopp!“
Die Löwen sprangen an die Reling.
Dann rief Carlos: „Hoch!“ Und die Löwen legten ihre Pfoten auf die Reling.
Als Carlos „Auf!“ rief, machten die Löwen das Maul auf und zeigten ihre Zähne.

Und was passierte dann?

Die Piraten bekamen Angst und heulten: „Hilfe! Hilfe! Löwen kommen an Bord!“
Und das Piratenschiff fuhr schneller weg als der Wind.
Die Löwennummer von Carlos wurde dann die erste Sensation im Zirkus Zimpanelli.

3A5 *Erzähle über den Gründer Carlos Zimpanenelli.*

Beispiel: Carlos war 24 Jahre alt, als er nach Deutschland kam.

~~1. Carlos war 24 Jahre alt,~~
2. Carlos verdiente viel Geld,
3. Carlos verkaufte sein Geschäft,
4. Carlos fuhr nach Afrika,
5. Carlos kaufte viele Tiere,
6. Carlos brachte die Tiere auf ein Schiff,
7. Carlos fuhr nach Europa zurück,
8. Carlos hatte keine Angst,
9. Carlos holte die Löwen,
10. Carlos zeigte die Löwennummer,
11. Carlos lachte laut,
12. Carlos wurde eine Sensation,

a) als die Piraten an Bord kommen wollten.
b) als die Piraten heulten.
c) als er 28 Jahre alt war.
d) als er Kaufmann in München war.
~~e) als er nach Deutschland kam.~~
f) als das Piratenschiff ganz nah war.
g) als er genug Geld hatte.
h) als plötzlich ein Piratenschiff kam.
i) als er nach Europa zurückfahren wollte.
k) als die Tiere und das Futter an Bord waren.
l) als er in Afrika war.
m) als er die Löwennummer in München zeigte.

So war es früher, als Carlos Zimpanelli noch lebte

3A6 *Erzähle. Stelle dazu die passenden Paare zusammen.*

Beispiel:
1. Man machte eine Kerze an, als man noch keine Glühbirne kannte.

~~1. Man machte eine Kerze an.~~
2. Man fuhr mit dem Pferdewagen
3. Man reiste mit dem Schiff nach Afrika.
4. Man schrieb einen Brief.
5. Man machte Musik.
6. Man malte Bilder.
7. Man rührte mit dem Löffel um.
8. Man las Bücher.
9. Man ging ins Theater.
10. Man wusch mit der Hand.

a) keinen Fernseher kennen
b) kein Telefon kennen
c) keinen Kassettenrekorder kennen
d) kein Radio kennen
e) keine Waschmaschine kennen
f) keinen Mixer kennen
~~g) keine Glühbirne kennen~~
h) kein Flugzeug kennen
i) kein Auto kennen
k) keinen Fotoapparat kennen

2	3	4	5	6	7	8	9	10

Das passierte 1625 an der Ostsee, als es noch Piraten gab

1. Es wurde März.	Die Piraten segelten nach Flensburg.
2. Die Flensburger entdeckten das Piratenschiff.	Sie bekamen Angst.
3. Das Piratenschiff kam immer näher.	Die Flensburger versteckten sich im Wald.
4. Es wurde Nacht.	Die Piraten gingen in die Stadt.
5. Die Piraten kamen in die Stadt.	Die Stadt war leer.
6. Sie gingen ins Rathaus.	Sie fanden die Schatzkiste.
7. Sie öffneten die Schatzkiste.	Sie sahen einen Brief.
8. Sie machten den Brief auf.	Dort stand:
9. „Wir sahen das Piratenschiff.	Wir brachten unseren Schatz nach Schleswig."

3A7 *Erzähle die Piratengeschichte.*

Als es März wurde, segelten die Piraten nach Flensburg. Als die Flensburger …

3A8 *Schau in die Karte und erzähle die Piratengeschichte weiter.*

Als es April wurde, … nach Schleswig. …
… Mai … nach Kiel. …

Immer wenn die Piraten eine Stadt angriffen, war es so:

1. Die Piraten wollten angreifen.	Sie zeigten ihre Piratenfahne.
2. Die Piraten griffen an.	Sie trugen Piratenmesser.
3. Die Leute sahen ein Piratenschiff.	Sie bekamen Angst.
4. Das Piratenschiff kam näher.	Die Leute machten die Türen und Fenster zu.
5. Die Piraten kamen in die Stadt.	Die Leute versteckten sich.
6. Die Leute versteckten sich.	Sie nahmen ihr Geld mit.
7. Die Piraten waren in der Stadt.	Sie suchten Geld und Gold.
8. Sie fanden einen Schatz.	Sie teilten den Schatz.
9. Die Piraten kamen mit einem Schatz zurück.	Sie feierten ein Fest.

3A9 *Erzähle weiter wie im Beispiel.*

Immer wenn die Piraten angreifen wollten, zeigten sie ihre Piratenfahne.
Immer wenn . . .

3A10

Das Piratenlied

Melodie: traditionell

Bearbeitung: Jürgen Schöntges

2. Alle, die mit uns den Weinbrand tranken,
mussten Männer mit Bärten sein.

3. Alle, die mit uns das Salzfleisch aßen,
mussten Männer mit Bärten sein.

4. Alle, die mit uns nach Schätzen suchten,
mussten Männer mit Bärten sein.

5. Alle, die mit uns die Schätze teilten,
mussten Männer mit Bärten sein.

So war es, als die Wikinger an der Ostsee lebten

Ein Besuch im Museum von Schleswig

Das Wikingerschiff hieß Drachenschiff.
Es musste lang und schmal sein.
Dann konnte es schnell fahren.
Ein Drachenschiff konnte 20 km in der Stunde fahren.

Wenn die Wikinger trinken wollten, nahmen sie ihr Trinkhorn.
Sie tranken Bier und Met (Honigwein).
Wenn die Wikinger feierten, mussten sie viel und schnell trinken. Sie durften das Trinkhorn erst dann auf den Tisch legen, wenn es leer war.

Die Wikinger aßen Fleisch, Fisch, Butter, Käse, Äpfel, Brot und Zwiebeln.
Die Wikingerfrauen kochten das Essen.
Der Kochtopf hing an einer Kette über dem Feuer.

Der Winter dauerte von Oktober bis April. Im Winter wurde es früh dunkel.
Wenn es im Haus dunkel war,
machten die Wikinger Öllampen an.
In den Lampen brannte Fischöl.

3A11 *Erzähle nach dem Schüttelkasten über die Wikinger.*

Das Drachenschiff Die Wikinger Das Trinkhorn Die Wikingerfrauen Die Lampen Der Topf	woll- muss- konn- durf- soll-	**te** **ten**	viel kochen. lang und schmal sein. mit Fischöl brennen. an einer Kette über dem Feuer hängen. nie leer sein. viel und schnell trinken. sehr schnell fahren. das Trinkhorn leer trinken.

Die Wikingerstadt Haithabu

Die Stadt Haithabu entdeckte man 1895 bei Schleswig an der Schlei. Dort lebten vor 1200 Jahren Wikinger. In Haithabu wohnten damals 800 bis 1000 Menschen. Sie bauten Schiffe und segelten nach Afrika, Asien und auch nach Amerika.

Dort kauften sie Holz, Metall, Fisch, Fischöl und Töpfe und brachten die Waren nach Haithabu.

Die Kaufleute in Haithabu kauften und verkauften die Waren. Sie waren sehr reich.

Wenn es Winter wurde, war es sehr kalt und dunkel. Es schneite. Auf der Schlei und auf der Ostsee war Eis. Die Schiffe konnten nicht mehr fahren, und die Wikinger blieben in Haithabu.

Die Winter waren meistens langweilig. Sehr oft feierten die Wikinger dann Feste.

Sie aßen und tranken viel. Sie machten Spiele, sie erzählten Geschichten, sie tanzten und sangen Lieder.

Im Jahr 1050 griff König Harald von Norwegen die Stadt an und zerstörte Haithabu.

Von Haithabu kann man heute nicht mehr viel sehen. Im Museum von Schleswig aber steht noch ein Wikingerschiff.

Schulklassen fahren gern nach Schleswig. Sie besuchen Haithabu und das Museum.

3A12 *Wo steht das im Text? Gib die Zeile(n) an.*

	Zeile(n):
1. Im Winter war das Wetter schlecht.	....
2. Die Wikinger kauften ihre Schiffe nicht.	....
3. Die Wikinger waren gern lustig.	....
4. Haithabu kennt man etwa 100 Jahre.	....
5. Sachen von den Wikingern kann man heute noch in Schleswig sehen.	....
6. Im Winter passierte nicht viel.	....
7. Heute machen Schüler Ausflüge in die Wikingerstadt.	....
8. Haithabu war nicht klein.	....
9. Haithabu ist heute keine Stadt mehr.	....
10. Die Wikinger reisten viel.	....
11. In Haithabu konnte man viele Sachen kaufen.	....
12. Die Wikinger liebten das Essen.	....
13. Die Kaufleute verdienten viel Geld.	....
14. Die Wikinger holten auf den Schiffen viele Sachen.	....

AB, S. 127

3A13 Spielt das Quiz in zwei Gruppen. Gruppe A stellt die Fragen im Präteritum. Gruppe B sucht die Antworten im Raster (unten). Für jede richtige Frage/Antwort bekommt die Gruppe einen Punkt. Gewinner ist die Gruppe mit den meisten Punkten.

Wikinger-Quiz

Gruppe A:

1. Wie schnell ... (können) Wikingerschiffe fahren?
2. Wie ... (trinken) die Wikinger?
3. Wo ... (kochen) die Wikingerfrauen das Essen?
4. Was für einen Trinkbecher ... (nehmen) die Wikinger?
5. Wann ... (entdecken) man die Wikingerstadt?
6. Wie ... (machen) die Wikinger Licht im Haus?
7. Was ... (essen) die Wikinger?
8. Wo ... (hängen) der Topf?
9. Wie ... (heißen) Wikingerschiffe?
10. Wie viele Menschen ... (wohnen) in Haithabu?
11. Wer ... (zerstören) Haithabu?
12. Was ... (bauen) die Wikinger?
13. Wie ... (müssen) das Schiff sein?
14. Was für Getränke ... (kennen) die Wikinger?
15. Was ... (sein) in den Lampen?
16. Wann ... (angreifen) Harald die Stadt Haithabu ...?
17. Was für Waren ... (kaufen) die Wikinger?
18. Wo ... (leben) Wikinger?
19. Wie ... (feiern) die Wikinger ihre Feste?
20. Wo ... (finden) man eine Wikingerstadt?
21. Wie ... (sein) der Winter in Haithabu?
22. Wohin ... (segeln) die Wikinger?
23. Wer ... (verdienen) viel Geld?
24. Wann ... (haben) die Wikinger ihre Feste?
25. Wie lange ... (dauern) der Winter?

Gruppe B:

Drachenschiff	20 km pro Stunde	lang und schmal	ein Trinkhorn
viel und schnell	Bier und Met	über dem Feuer	König Harald
die Kaufleute	nach Afrika, Asien und Amerika	kalt, dunkel und langweilig	mit Spielen, Liedern und Geschichten
im Winter	bei Schleswig	an der Ostsee	in einem Topf
Holz, Metall und Fischöl	von Oktober bis April	Fisch, Fleisch und Zwiebeln	mit Öllampen

1895	800 bis 1000	Schiffe	1050	Fischöl

Zehn kleine Wikinger

Melodie: traditionell

Bearbeitung: Jürgen Schöntges

2. Neun kleine Wikinger, die fuhren durch die Nacht.
   Der eine ritt auf 'nem Delphin, da waren's nur noch acht.

3. Acht kleine Wikinger, die sahen Land und blieben.
   Der eine wollt' nicht weitergehen, da waren's nur noch sieben.

4. Sieben kleine Wikinger, die trafen dort 'ne Hex'.
   Der eine fand die Hexe nett, da waren's nur noch sechs.

5. Sechs kleine Wikinger, die wuschen ihre Strümpf.
   Der eine rutschte in den See, da waren's nur noch fünf.

6. Fünf kleine Wikinger, die tranken sehr viel Bier.
   Der eine wurde furchtbar krank, da waren's nur noch vier.

7. Vier kleine Wikinger, die blieben bis zum Mai.
   Der eine wollte schnell zurück, da waren's nur noch drei.

8. Drei kleine Wikinger, die kamen an die Schlei.
   Der eine schwamm nach Haithabu, da waren's nur noch zwei.

9. Zwei kleine Wikinger, die kauften Met und Wein.
   Der eine trank zu viel davon, da war es nur noch ...

10. Ein kleiner Wikinger, der lud zur Hochzeit ein.
    Die Sigrid wurde seine Frau, da waren's wieder zwei.

3B1 Verben: Konjugation Präteritum (unregelmäßig)

Infinitiv		kommen	anfangen	vergessen	werden
1. Pers. Sg.	ich	kam-	fing- an	vergaß-	wurde
2. Pers. Sg.	du	kam**st**	fing**st** an	verga**ßt**	wurd**est**
3. Pers. Sg.	er	kam-	fing- an	vergaß-	wurde
	sie	kam-	fing- an	vergaß-	wurde
	es	kam-	fing- an	vergaß-	wurde
1. Pers. Pl.	wir	kam**en**	fing**en** an	vergaß**en**	wurd**en**
2. Pers. Pl.	ihr	kam**t**	fing**t** an	verga**ßt**	wurd**et**
3. Pers. Pl.	Sie	kam**en**	fing**en** an	vergaß**en**	wurd**en**
	sie	kam**en**	fing**en** an	vergaß**en**	wurd**en**
		geben, gehen, reiten, stehen, fangen, nehmen schlagen, ...	angreifen, wegnehmen, spazieren gehen, weitergehen, ...	bestehen, bekommen, verlassen, ...	

Zweiter Merkvers zum Präteritum

Es war einmal eine Frau,
die ... Rotweißchen Blau.

Der Name ... ihr zu bunt,
da ... sie einen Hund.

Der Hund ... ihr zu klein,
da ... sie an den Rhein.

Der Rhein ... ihr zu kalt,
da ... sie in den Wald.

Der Wald ... ihr zu grün,
da ... sie nach Berlin.

Berlin ... ihr zu weit,
da ... sie schnell ihr Kleid.

Das Kleid ... ihr zu rot,
da ... sie noch ein Brot.

Das Brot ... ihr zu schwer,
da ... sie an das Meer.

Das Meer ... ihr zu wild,
da ... sie auf ein Bild.

Das Bild ... ihr zu lang,
da ... sie einen Schrank.

Der Schrank ... ihr zu tief,
da ... sie einen Brief.

Der Brief ... ihr zu nett,
da ... sie gleich im Bett.

Im Bett ... eine Maus,
da ... sie aus dem Haus,

und die Geschichte ist aus!

Setze die Verben im Präteritum in den Merkvers ein.

sein, heißen, nehmen, fahren, laufen, gehen, waschen, essen, kommen, sehen, finden, schreiben, bleiben, springen, rennen

Ich (war) sechs Jahre alt, als ich in die Schule (kam).

Als ich (lesen) (konnte), (ging) ich in die zweite Klasse.

a) *Erzähle die Geschichte von Willi Frosch weiter wie in den Beispielen.*

1. (als) sechs Jahre alt werden – in die Schule gehen
2. (immer wenn) in die Schule gehen – Quatsch machen
3. (als ... einmal) Quatsch machen – das Froschlied singen
4. (immer wenn) das Froschlied singen – auf dem Tisch stehen
5. (als ... einmal) auf dem Tisch stehen – auf das Bett springen
6. (immer wenn) auf das Bett springen – nicht mehr spielen dürfen
7. (als ... einmal) nicht mehr spielen dürfen – fernsehen
8. (immer wenn) fernsehen – einen Piratenfilm sehen
9. (als ... einmal) einen Piratenfilm sehen – Angst bekommen
10. (immer wenn) Angst bekommen – zu Milli laufen
11. (als ... einmal) zu Milli laufen - eine Torte tragen
12. (immer wenn) eine Torte tragen – hinfallen

Beispiele:

1. Als Willi Frosch sechs Jahre alt wurde, ging er in die Schule.
2. Immer wenn er in die Schule ging, machte er Quatsch.
3. Als er einmal Quatsch machte, sang er das Froschlied.
4. Immer wenn er ...
5. Als er einmal ...

b) *Wie war das bei dir? Erzähle.*

1. Als ich acht Jahre wurde, ...
2. ..., als ich in den Sommerferien war.
3. ..., als mein Freund/meine Freundin Geburtstag hatte.
4. Als ich einmal Angst hatte, ...
5. ..., als ich einmal allein blieb.
6. Als ich einmal mit dem Schiff fuhr, ...
7. ..., als ich einmal ins Kino ging.
8. Als ich einmal Geld fand, ...

Die Hauskatze

Die Hauskatze gehört zu der Familie der Katzen wie der Tiger, der Löwe und der Leopard. Schon vor 4000 Jahren war die Katze ein Haustier in Ägypten. Hauskatzen können ganz verschieden aussehen. Sie sind groß oder klein. Ihr Fell ist einfarbig, mehrfarbig oder getigert. Ihre Haare können lang oder kurz sein. Es gibt etwa 40 Arten von Hauskatzen.

Die Hauskatze ist ein Einzelgänger. Sie lebt und jagt allein. Sie ist nämlich kein Rudeltier wie der Hund. Eine Katze kann man nicht dressieren wie einen Hund. Sie hört nicht, wenn sie nicht will. Die Katze braucht ihre Freiheit. Die Menschen sind für die Hauskatze die Eltern. Im Haus spielt sie das Kind. Sie miaut wie ein Baby, wenn sie rausgehen will oder wenn sie Hunger hat. Sie frisst Fleisch und Fisch. Draußen aber ist die Katze ein Jäger und Raubtier. Sie fängt Mäuse und auch Vögel. Hauskatzen können 14 bis 16 Jahre alt werden. Das männliche Tier heißt Kater, und das weibliche Tier heißt Katze. Katzen lieben die Wärme. Sie liegen gern am Ofen oder in der Sonne. Katzen schlafen nicht tief und fest. Wenn sie Lärm hören, sind sie sofort wach. Katzen sind sehr sauber. Sie putzen dauernd ihr Fell. Die Katze kann sehr gut sehen, auch wenn es dunkel ist. Sie ist ein „Augentier". Die Krallen an ihren Pfoten sind lang und spitz. Katzen können fantastisch klettern und springen.

Die Katze bekommt zweimal im Jahr 3 bis 6 Katzenbabys. Sie trinken 4 bis 6 Wochen lang Muttermilch. Zuerst sind die Katzenbabys blind. Sie öffnen die Augen erst am neunten Tag. Die Katzenkinder spielen sehr gerne. Im Spiel lernen sie jagen. Nach 6 bis 8 Monaten sind die Katzenkinder selbständig und brauchen die Mutter nicht mehr.

4A1 *Ute bekommt zum Geburtstag eine Katze. Sie hat nun viele Fragen. Schau in den Text und beantworte Utes Fragen.*

1. Was fressen Katzen gern?
2. Wie lange lebt eine Katze etwa?
3. Kann ich meine Katze dressieren?
4. Was ist denn ein Kater?
5. Was macht die Katze, wenn sie draußen ist?
6. Sind Katzen schmutzig?
7. Was können Katzen besonders gut?
8. Wie viele Katzenbabys kann eine Katze im Jahr bekommen?
9. Wie lange braucht ein Katzenbaby Milch von der Mutter?
10. Wann können Katzenbabys sehen?
11. Wie lange bleiben Katzenkinder bei der Mutter?
12. Wo suchen Katzen Wärme?
13. Wie können Katzen aussehen?
14. Wie lange gibt es die Katze schon als Haustier?
15. Wo hatte man zuerst Katzen als Haustiere?

Katzen-Quiz

4A2 *Suche die Antworten im Satzstern.*

1. Warum werden Katzen schnell wach?
2. Warum sind Katzen Einzelgänger?
3. Warum kann man Katzen nicht dressieren?
4. Warum miauen Katzen wie Babys?
5. Warum liegen Katzen gern am Ofen?
6. Warum sehen Katzen sehr verschieden aus?
7. Warum sind Katzen „Augentiere"?
8. Warum können Katzen gut klettern?
9. Warum sind Katzen sehr sauber?
10. Warum haben Katzen viele Kinder?
11. Warum werden Katzenkinder schnell selbständig?

- weil sie die Wärme (lieben).
- weil sie dauernd ihr Fell (putzen).
- weil sie allein (leben) und (jagen).
- weil sie zweimal im Jahr 3 bis 6 Katzenbabys (bekommen).
- weil sie ihre Freiheit (brauchen).
- weil sie im Haus das Kind (spielen).
- weil sie Krallen an den Pfoten (haben).
- weil sie schon früh von der Mutter (weggehen).
- weil es etwa 40 Arten von Hauskatzen (gibt).
- weil sie nicht tief und fest (schlafen).
- weil sie gut sehen (können).

Viele Haustiere

die Schildkröte	**die Maus**	**der Goldfisch**	**das Kaninchen**	**der Wellensittich**

das Meer-schweinchen	**der Hund**	**der Hamster**	**die Katze**	**der Papagei**

4A3 *Wie gefällt dir das Haustier und warum?*

Beispiel: Mir gefällt eine Katze sehr gut, weil sie gern spielt.

Mir gefällt	eine Katze ein Meerschweinchen ein Hund ein Hamster ein Papagei eine Schildkröte eine Maus ein Goldfisch ein Kaninchen ein Wellensittich	am besten, sehr (gut), gut, nicht (gut), gar nicht (gut),	weil	er/sie/es	sehr sauber ist. gern spielt. so viel Krach macht. nicht viel kostet. ein schönes Fell hat. immer aufpasst. so klein ist. so viel Futter braucht. sehr alt werden kann. wenig Futter braucht. nicht schön aussieht. so groß ist. so langweilig ist. so schmutzig ist. mit mir spielt. viel kostet. sprechen kann. keinen Krach macht. so viel Arbeit macht. so viel kostet. schön aussieht. so laut bellt.

Viel Arbeit im Schulzoo

Im Schulzoo der Walther-Rathenau-Schule in Berlin gibt es viele Tiere. Sie leben in sieben Terrarien und vier Aquarien. Viele Schüler mögen Tiere, aber sie dürfen zu Hause kein Tier halten. Es ist kein Platz in der Wohnung, oder die Eltern sind dagegen. Jedes Jahr sind die 7. Klassen für den Zoo verantwortlich. Die Schülerinnen und Schüler füttern und pflegen alle Tiere im Zoo. Sie haben immer viel Arbeit. In den Pausen füttern sie die Tiere. Am Nachmittag kaufen sie Futter und holen Sand, Steine und Holz für die Terrarien. Einmal in der Woche kommen sie am Nachmittag und machen die Käfige sauber. Die Schüler lieben die Tiere und kennen sie sehr gut. Sie beobachten die Tiere täglich, und so hat kein Schüler mehr Angst vor Tieren. Tiere sind kein Spielzeug, auch das lernen die Schüler bei der Arbeit im Schulzoo. Auch in den Ferien pflegen sie die Tiere. Es gibt einen Ferienplan. Die Schüler haben einen Schlüssel für die Schule, weil die Tiere ja auch in den Ferien fressen müssen. Der Schulzoo kostet natürlich viel Geld. Das Geld für die Pflege und das Futter geben die Eltern.

Juliane, Lukas, und Bernhard sind in der 7. Klasse an der Walther-Rathenau-Schule. Sie erzählen über ihre Aufgaben im Schulzoo:

Lukas

Wir haben vier Aquarien für 200 bis 300 Liter Wasser. Ich bin für ein Aquarium verantwortlich. Mir gefallen die Fische am besten. Wir haben viele Arten, sie sind entweder einfarbig oder ganz bunt.
Mein Lieblingsfisch ist der Schleierschwanz. Das männliche Tier ist besonders schön. Sein Schwanz ist viel größer als der Fisch selbst. Es sieht toll aus, wenn er durch das Aquarium schwimmt.
Einmal am Tag muss ich die Fische füttern. Sie bekommen entweder Trockenfutter oder Wasserflöhe. Das mache ich immer in der Pause. Einmal in der Woche muss ich das Aquarium sauber machen. Mein Freund hilft mir dabei.
Die Arbeit im Schulzoo macht mir Spaß. Ich komme auch gern in den Ferien. Wir fahren nämlich nie weg. Dann habe ich mehr Zeit und kann die Tiere in Ruhe beobachten.

Ich bin für unseren Leguan verantwortlich. Er heißt Hugo und kommt aus dem Urwald von Südamerika. Er braucht viel Wärme. Er frisst Pflanzen, aber einmal in der Woche bekommt er auch Fleisch.
Ich streichle Hugo oft, das gefällt ihm sehr. Hugo ist 1,70 m lang und sieben Jahre alt. Er kann sehr gut klettern und sitzt am liebsten oben auf dem Kletterbaum. Wir haben für Hugo auch ein Wasserbecken. Er passt genau hinein. Hugo kann nämlich prima schwimmen und tauchen. Er ist grün, und sein Bauch ist gestreift. Hugo macht viel Arbeit und braucht viel Pflege. Ich kann in der Pause nie spielen. Das Saubermachen gefällt mir nicht besonders. Schwierigkeiten gibt es in den Ferien, wenn ich wegfahren will. Dann muss ein Mitschüler meine Arbeit machen.

Bernhard

Ich bin für die Meerschweinchen verantwortlich. Die sind unheimlich süß! Wir haben fünf Meerschweinchen. Die haben alle Namen. Ihr Fell ist verschieden: Sie sind entweder einfarbig oder mehrfarbig; die Haare sind entweder lang oder kurz.
Meerschweinchen können nicht allein leben, sie sind nämlich Rudeltiere. Mein Lieblingstier ist Hansi. Er hört sogar, wenn ich ihn rufe. Er hat es gern, wenn ich ihn streichle. Sein Fell ist so schön weich! Meerschweinchen brauchen viel Pflege. Einmal in der Woche bürste ich ihr Fell. Ihre Krallen muss man immer wieder schneiden. Meerschweinchen sind sehr empfindlich. Sie dürfen nicht nass werden. Dann werden sie krank.
Unsere Meerschweinchen bekommen entweder Trockenfutter oder Obst und Gemüse. Einmal am Tag füttere ich sie und gebe ihnen Wasser. Einmal in der Woche muss ich ihre Kiste sauber machen. In den Ferien macht das dann meine Freundin. Wir fahren nämlich immer weg.

Juliane

4A4 *Was passt zusammen? Trage unten die richtigen Buchstaben ein und erzähle dann, was die Schüler über ihre Arbeit im Schulzoo sagen.*

Das erzählt Lukas:

1. Weil Lukas Fische gut findet, 2. Weil der Schleierschwanz so schön aussieht, 3. Weil die Fische einmal am Tag Futter brauchen, 4. Weil das Aquarium viel Arbeit macht, 5. Weil ihm die Arbeit im Schulzoo gefällt,	a. ist Lukas in der Pause immer im Schulzoo. b. muss sein Freund mithelfen. c. ist er für das Aquarium verantwortlich. d. ist Lukas auch in den Ferien gern dort. e. ist er das Lieblingstier von Lukas.

Das erzählt Juliane:

6. Weil Juliane Meerschweinchen süß findet, 7. Weil Meerschweinchen Rudeltiere sind, 8. Weil das Fell von Hansi so schön weich ist, 9. Weil Meerschweinchen viel Pflege brauchen, 10. Weil Meerschweinchen sehr empfindlich sind, 11. Weil Juliane in den Ferien immer wegfährt,	f. können sie nicht allein leben. g. bürstet Juliane ihr Fell einmal in der Woche. h. pflegt ihre Freundin dann die Meerschweinchen. i. dürfen sie nicht nass werden. k. pflegt Juliane sie gern. l. streichelt sie ihn gern.

Das erzählt Bernhard:

12. Weil der Leguan aus Südamerika kommt, 13. Weil Hugo das so gut gefällt, 14. Weil der Leguan gut klettern kann, 15. Weil Hugo soviel Pflege braucht,	m. kann Bernhard in der Pause nie spielen. n. braucht er viel Wärme. o. streichelt Bernhard den Leguan oft. p. braucht er einen Kletterbaum.

1	2	3	4	5	6	7	8	9	10	11	12	13	14	15

Weißt du, warum?

4A5 *Welche Antwort passt zu welcher Frage? Tragt unten die passenden Nummern ein. Fragt euch dann untereinander und antwortet mit weil-Sätzen*

1. Warum kann die Schlange nicht laufen?
2. Warum hat der Elefant keine Nase?
3. Warum ist das Nashorn kein Haustier?
4. Warum braucht das Krokodil eine Badewanne?
5. Warum ist der Flamingo rosa?
6. Warum sprechen Katzen nicht?
7. Warum haben Kängurus keinen Kinderwagen?
8. Warum fressen Pferde Pflanzen?
9. Warum braucht die Schnecke kein Haus?
10. Warum fährt der Affe Fahrrad?
11. Warum kann der Papagei nicht lesen?
12. Warum singt der Adler nicht?
13. Warum heißt der Eisbär so?
14. Warum jagt die Maus die Katze nicht?
15. Warum wird die Schildkröte so alt?
16. Warum legt das Huhn Eier?
17. Warum ist das Zebra immer gestreift?
18. Warum braucht der Bär keinen Mantel?
19. Warum schwimmt der Fisch im Wasser?
20. Warum sind Schweine schmutzig?

	Sie tragen ihre Babys in der Bauchtasche.		Sie mögen kein Fleisch.		Sie trägt es auf dem Rücken.
	Sie will die Katze nicht ärgern.		Er nimmt sein Fell immer mit.		Es mag keine Punkte.
	Er isst gern Eis.		Er mag die Farbe Blau nicht.		Sie miauen lieber.
	Er hat einen Rüssel.		Er geht nicht in die Schule.		Er hat kein Auto.
	Es schwimmt gern.		Es passt nicht durch die Haustür.	1	Sie hat keine Beine.
	Sie feiert gern Geburtstag.		Er kennt keine Lieder.		Sie machen nicht gern sauber.

	Der Hahn kann keine Eier legen.		Er kann im Wasser nicht laufen.

Herr Fischer und seine Frau

Herr Fischer ging auf den Flohmarkt. Da gab es viele Sachen. Er wollte ein Geschenk für seine Frau kaufen.

Er kaufte einen Ring aus Silber für seine Frau. Herr Fischer dachte: „Der Ring gefällt meiner Frau bestimmt, weil er gut zu ihrer Kette passt."

„Der Ring ist aber schön", sagte eine Frau neben ihm, „wollen wir tauschen?"

Sie zeigte ihm einen Gürtel aus Leder. „Ich kann den Gürtel nicht zumachen, denn ich bin zu dick."

Herr Fischer dachte: „Der Gürtel gefällt meiner Frau bestimmt, weil er gut zu ihrem Kleid passt." Also tauschten sie.

„Der Gürtel ist aber toll", sagte ein Mann neben ihm, „wollen wir tauschen?"

Er zeigte ihm einen Regenschirm. „Ich brauche den Regenschirm nicht, denn ich habe schon einen." Herr Fischer dachte: „Der Regenschirm gefällt meiner Frau bestimmt, weil er gut zu ihrem Mantel passt." Also tauschten sie.

„Der Regenschirm ist aber toll", sagte ein Mädchen neben ihm, „wollen wir tauschen?"

Es zeigte ihm eine Lampe. „Ich brauche die Lampe nicht, denn ich habe schon eine."

Herr Fischer dachte: „Die Lampe gefällt meiner Frau bestimmt, weil sie gut zu ihren Möbeln passt." Also tauschten sie.

„Die Lampe ist aber schön", sagte ein Junge neben ihm, „wollen wir tauschen?"

Er zeigte ihm ein Radio. „Ich brauche das Radio nicht, denn ich habe schon eins."

Herr Fischer dachte: „Das Radio gefällt meiner Frau bestimmt, weil es gut zu ihrem Kassettenrekorder passt."

Also tauschten sie.

„Das Radio ist aber toll", sagte …

4A6 *Erzähle weiter mit:*

1. eine Frau / den Topf (einen) / zu ihrem Geschirr
2. ein Mann / den Koffer (einen) / zu ihrer Tasche
3. ein Junge / die Kommode (eine) / zu ihrem Schrank
4. ein Mädchen / den Tisch (einen) / zu ihren Stühlen
5. eine Frau / das Bett (eins) / zu ihrem Schlafzimmer

Da kam ein Mann mit einem Elefanten vorbei.

„Der Elefant ist aber toll", sagte Herr Fischer.

„Wollen wir tauschen?" fragte der Mann. „Ich brauche den Elefanten nicht, denn ich habe schon einen. Ich brauche ein Bett."

Herr Fischer dachte: „Der Elefant gefällt meiner Frau bestimmt, weil sie auf dem Elefanten reiten kann."

Also tauschten sie.

Spät am Abend kam Herr Fischer mit dem Elefanten zurück. Er machte den Elefanten an der Haustür fest. Seine Frau fragte ihn: „Was für ein Geschenk hast du für mich?"

„Schau mal auf die Straße", sagte Herr Fischer, „es geht nicht durch die Haustür."

Frau Fischer schaute auf die Straße.

„Oh", sagte sie, „aber ich wollte doch einen Ring haben!"

(Nach dem Text: *Herr Hanselmann bringt ein Geschenk mit* von Hanna Hanisch)

AB, S. 127

4A7 *Am Sonntag gehen Herr und Frau Fischer zusammen auf den Flohmarkt. Was möchten sie? Erzähle nach dem Schüttelkasten und begründe.*

Herr Fischer Frau Fischer	will möchte	einen Fernseher, ein Märchenbuch, einen Werkzeugkasten, eine Schere, einen Wellensittich, eine Glühbirne, eine Kette, ein Messer, Schwimmflossen, einen Malkasten, einen Mixer,	denn	er sie	liest baut malt backt sieht gefällt braucht mag braucht bastelt schwimmt	gern Märchen. gern. gern. gern. gern fern. ihr gut. sie. Vögel gern. es. gern. gern.

4A8 *Du bist auch auf dem Flohmarkt. Was möchtest du und warum?*

Beispiele:

der Fotoapparat – (weil) gern Fotos machen: Ich möchte den Fotoapparat, weil ich gern Fotos (mache).

das Fahrrad – (denn) gern Ausflüge machen: Ich möchte das Fahrrad, denn ich (mache) gern Ausflüge.

1. die Taschenlampe – (weil) im Bett lesen wollen
2. die Kassetten – (denn) gern Musik hören
3. das Buch – (denn) gern Gespenstergeschichten lesen
4. der Ball – (denn) gern Fußball spielen
5. das Werkzeug – (weil) ein Baumhaus bauen wollen
6. die Filzstifte – (weil) gern malen
7. das Puppenhaus – (weil) gern mit Puppen spielen
8. das Schiff – (weil) gern im Wasser spielen
9. die Burg – (denn) gern mit Rittern spielen

4A9 *Spielt „Verkaufen auf dem Flohmarkt“.*

Möchtest du	einen eine ein	Teddy? Uhr? Schiff?	Hier ist	einer eine. eins.

↔

Nein, ich brauche	keinen. keine. keins.	Ich habe schon	einen. eine. eins.
Ja, ich brauche	einen. eine. eins.	Ich habe noch	keinen. keine. keins.

1. der Roboter 2. der Malkasten 3. der Ball	4. das Raumschiff 5. die Burg 6. das Telefon	7. die Puppe 8. das Märchenbuch 9. das Fahrrad	10. die Eisenbahn 11. der Fotoapparat 12. die Taschenlampe

4A10 *Was kaufen sie auf dem Flohmarkt? Erzähle wie im Beispiel.*

Beispiel: Inge (ihr-): die Mütze – der Schal/die Jacke/das Gesicht/die Haare

Inge kauft eine Mütze.
Sie passt zu ihr**em** Schal. Sie passt zu ihr**er** Jacke. Sie passt zu ihr**em** Gesicht. Sie passt zu ihr**en** Haaren.

1. ich (mein-):	der Stuhl – der Schreibtisch	6. ihr (euer-):	der Tisch – die Stühle (!)
2. wir (unser-):	die Lampe – das Zimmer	7. die Kinder (ihr-):	die Stiefel – die Kleidung
3. er (sein-):	der Teppich – die Möbel (!)	8. das Mädchen (sein-):	die Kette – die Kleider (!)
4. du (dein-):	die Federtasche – die Schultasche	9. der Junge (sein-):	die Hose – das Hemd
5. sie (ihr-):	die Jacke – die Hose	10. ich (mein-):	der Anorak – die Hosen

Das Lama beim Friseur

Es war kalt und es regnete. Vor dem Friseurgeschäft „Salon Weißhaupt“ stand ein Lama. An seinem Hals hing ein Schild. Auf dem Schild stand:

> Gebt Geld für die Tiere
> im Winterquartier!
> Zirkus Pandolfini

Neben dem Lama stand ein Mann mit einem Teller in der Hand. Auf dem Teller lag Geld. Der Mann sah müde und traurig aus. Er hatte große Sorgen, denn er konnte die Tiere nicht mehr füttern. Er brauchte Geld.

Die Kinder zogen ihre Eltern zum Lama. Sie wollten das Lama streicheln, und ihre Eltern sollten Geld für Futter geben. Aber die Leute gingen vorbei. Sie hatten keine Zeit.

Der Mann mit dem Teller ging weg. Er wollte Kaffee trinken. Das Lama stand allein vor dem Friseurgeschäft.

Als eine Dame die Tür öffnete, lief das Lama auch ins Friseurgeschäft. Es ging in eine Kabine. Die war leer.

Der Friseurjunge staunte, als er das Lama sah. Er rief nach hinten: „Hallo, Chef! Hier ist ein Lama! Was soll ich machen?“

Der Friseur aber verstand: „Hier ist eine Dame! Was soll ich machen?“ Und er rief zurück: „Waschen Schneiden und Locken drehen!“

Der Friseurjunge antwortete: „Aber ich kann doch nicht …“

„Natürlich kannst du das, Fritz!“ sagte der Chef streng. „Nun fang schon an!“

Da wusch der Friseurjunge das Lamafell und schnitt die Lamahaare. Das gefiel dem Lama.

Aber als der Friseurjunge Locken drehen wollte quietschte das Lama.

„Fritz, quietsch nicht so!“ rief der Friseur. „Wir sind hier nicht im Musikgeschäft.“

Der Friseurjunge arbeitete ohne Pause und drehte viele Locken.

„Das Tier hat aber viele Haare!“ staunte der Friseurjunge.

„Fritz, wie redest du denn?“ rief der Chef von hinten. „Wir sind hier nicht im Zirkus!“

Da kam der Zirkusmann zurück. Wo war denn das Lama? Jetzt ging die Tür vom Friseurgeschäft auf, und das Lama lief auf die Straße. Sein Fell sah fantastisch aus. Überall hatte es Locken.

Die Leute blieben stehen und staunten. Alle Kinder wollten das Lama streicheln, und ihre Eltern gaben viel Geld für Futter.

Fritz stand vor dem Friseurgeschäft und lachte.

Seine Arbeit war wirklich ein Erfolg.

Nur sein Chef kapierte nicht, was da passiert war.

(Nach dem Text: *Das Lama beim Friseur* von Hanna Hanisch)

4A11 *Lest den Text mit verteilten Rollen und spielt die Geschichte.*

4A12 *Bearbeite die Anschlussaufgabe im Arbeitsbuch*

4B1 *Nebensätze: weil-Sätze*

Die Maus (frisst) Äpfel , weil sie ein Pflanzenfresser (ist) .

Weil die Katze ein Fleischfresser (ist) , (frisst) sie die Maus .

Bilde weil-Sätze wie in den Satzmodellen.

~~1. die Maus~~	~~Äpfel~~	~~die Katze~~
2. der Hamster	Gemüse	die Schlange
3. das Kaninchen	Gras	der Wolf
4. das Meerschweinchen	Obst	der Adler
5. der Goldfisch	Wasserpflanzen	das Krokodil
6. das Zebra	Gras	der Löwe

4B2 *Wortfrage mit dem Fragewort „warum?“*

Beispiele:

Warum frisst die Robbe Fisch? — **Weil** sie ein Fleischfresser ist.
Warum ist das Känguru ein Pflanzenfresser — **Weil** es Gras frisst.

Stellt euch noch mehr Fragen wie in den Beispielen.
Warum ... ? — Weil ...

4B3 *Satzverbindung: denn-Sätze*

Ich (brauche) eine Gießkanne . Ich (will) Blumen (gießen) .

Ich (brauche) eine Gießkanne , denn ich (will) Blumen (gießen) .

Mache sinnvolle oder lustige Satzverbindungen mit „denn“.

1. Ich brauche eine Schere.	Ich möchte basteln.
2. Ich hole einen Kuli.	Ich muss einen Brief schreiben.
3. Ich nehme einen Pinsel.	Ich will ein Bild malen.
4. Ich hole einen Mixer.	Ich soll einen Kuchen backen.
5. Ich ziehe meinen Pullover aus.	Ich schwitze.
6. Ich rufe meine Freundin an.	Sie hat Geburtstag.
7. Ich gehe zum Arzt.	Mir tut der Bauch weh.
8. Ich packe meinen Fotoapparat ein.	Ich fahre in die Ferien.

4B4 Unbestimmter Artikel, Indefinitpronomen: autonom

	unbestimmter Artikel			Indefinitpronomen		
	maskulin	feminin	neutral	maskulin	feminin	neutral
Nominativ Singular	ein**er**	eine	eins	kein**er**	keine	keins
Akkusativ Singular	ein**en**	eine	eins	kein**en**	keine	keins

Mache Sätze wie in den Beispielen.

1. ~~der Tiger – mit Streifen oder mit Punkten?~~
2. ~~die Katze – mit Krallen oder mit Rüssel?~~
3. ~~das Krokodil – mit Zähnen oder mit Fell?~~
4. der Bär – mit Fell oder mit Mantel?
5. die Schnecke – mit Haus oder mit Auto?
6. das Känguru – mit Bauchtasche oder mit Koffer?
7. der Elefant – mit Rüssel oder mit Nase?
8. die Kuh – mit Milch oder mit Limo?
9. das Pferd – mit vier Beinen oder mit fünf Beinen?
10. der Eisbär – mit Fell oder mit Eis?
11. das Huhn – mit Ei oder mit Fußball?
12. der Löwe – mit Fell oder mit Stoßzähnen?

Beispiele:

1. Ein Tiger mit Streifen ist **einer**.
   Ein Tiger mit Punkten ist **keiner**.
   Oder kennst du **einen** mit Punkten?
   Nein, ich kenne **keinen**.
2. Eine Katze mit Krallen ist **eine**.
   Eine Katze mit Rüssel ist **keine**.
   Oder kennst du **eine** mit Rüssel?
   Nein, ich kenne **keine**.
3. Ein Krokodil mit Zähnen ist **eins**.
   Ein Krokodil mit Fell ist **keins**.
   Oder kennst du **eins** mit Fell?
   Nein, ich kenne **keins**.

4B5 Possessivpronomen: Dativ

Personalpronomen		maskulin Sg.		feminin Sg.		neutral Sg.		Plural	
1. Pers. Sg.:	ich	meinem	Bruder	meiner	Schwester	meinem	Kind	meinen	Eltern
2. Pers. Sg.:	du	deinem	Bruder	deiner	Schwester	deinem	Kind	deinen	Eltern
3. Pers. Sg.:	er	seinem	Bruder	seiner	Schwester	seinem	Kind	seinen	Eltern
	sie	ihrem	Bruder	ihrer	Schwester	ihrem	Kind	ihren	Eltern
	es	seinem	Bruder	seiner	Schwester	seinem	Kind	seinen	Eltern
1. Pers. Pl.:	wir	unserem	Bruder	unserer	Schwester	unserem	Kind	unseren	Eltern
2. Pers. Pl.:	ihr	eurem	Bruder	eurer	Schwester	eurem	Kind	euren	Eltern
3. Pers. Pl.:	Sie	Ihrem	Bruder	ihrer	Schwester	Ihrem	Kind	Ihren	Eltern
	sie	ihrem	Bruder	ihrer	Schwester	ihrem	Kind	ihren	Eltern

Familie Kunterbunt ist so unordentlich.
Erzähle weiter über Familie Kunterbunt wie im Beispiel und finde noch andere Sätze.

Beispiel: Frau Kunterbunt findet die Zeitung im Kühlschrank. (der Mann)
Sie gehört ihrem Mann.

1. Herr Kunterbunt findet die Bluse unter dem Bett. (die Frau)
2. Hans Kunterbunt findet die Puppe in der Badewanne. (die Schwester)
3. Maria Kunterbunt findet den Fußball im Bett. (der Bruder)
4. Baby Kunterbunt findet den Mixer im Kinderwagen. (die Mutter)
5. Oma Kunterbunt findet die Pfeife im Schuh. (der Mann)
6. Opa Kunterbunt findet den Hut im Küchenschrank. (die Frau)
7. Wir finden die Schlüssel im Topf. (die Großeltern)
8. Ihr findet die Kette hinter der Kommode. (die Mutter)
9. Ich finde die Uhr im Backofen. (die Tante)
10. Du findest die Badehose unter dem Teppich. (der Onkel)
11. Die Kunterbuntkinder finden das Geld in der Waschmaschine. (die Eltern)

Klassenfahrt ins Schullandheim

Schullandheim Helenesee

Malchow, den ...18. März...

Liebe Klasse ...6b...,

wir freuen uns sehr, daß Ihr Eure Klassenfahrt an den Helenesee machen wollt. Wir haben noch Platz für Euch in der Zeit

vom ...27.5... bis zum ...2.6...

Zusammen mit Euch ist noch eine ..5.. Klasse aus ...Berlin... da.

Hier möchten wir Euch noch Hinweise für Eure Klassenfahrt geben. Bitte vergeßt nicht, das müßt ihr mitnehmen:

1. die Kleidung: für Regenwetter und für Sonnenschein,
2. die Schuhe: für Regenwetter und für Sonnenschein,
3. das Waschzeug, das Handtuch,
4. die Bettwäsche, den Schlafsack,
5. das Badezeug,
6. die Spiele und Spielsachen: für drinnen und für draußen.

Eure Klasse bekommt ...4... Schlafräume und einen Tagesraum. Jeder Schlafraum hat ..6.. Betten.
Die Schlafräume für die Mädchen haben die Nummern ..11.. und ..12.. Die Jungen wohnen in Nummer ..5.. und ..6.. .
Im Tagesraum eßt Ihr. Da könnt Ihr auch Spiele machen und Partys feiern.

Wenn Ihr bei uns im Schullandheim wohnt, seid Ihr für ein paar Aufgaben verantwortlich:
1. das Bett machen,
2. die Schlafräume und den Tagesraum aufräumen und saubermachen,
3. den Tisch decken und abräumen,
4. das Geschirr abwaschen.

Die Gegend hier ist sehr schön. Ihr könnt wandern, schwimmen, Boot fahren, reiten, auf Berge klettern, Besichtigungen machen und vieles mehr.

Viele Grüße
Euer Heimleiter

Karl-Heinz Härtel

5A1 *Fragt euch untereinander. Schaut dazu in den Brief, und auch der Kasten hilft euch dabei.*

1. Welcher Schlafraum ist für die Mädchen? Welcher Schlafraum ist für die Jungen?
2. Welcher Raum ist für Spiele und Partys?
3. Welche Kleidung ist für Regenwetter / für Sonnenschein?
4. Welches Spiel ist für drinnen / für draußen?
5. Welche Spielsachen sind für drinnen / für draußen?
6. Welche Schuhe sind für Regenwetter / für Sonnenschein?
7. Welchen Ausflug finden die Schüler wohl am besten?
8. Welche Bettwäsche müssen die Schüler mitnehmen?
9. Welches Badezeug brauchen die Schüler?
10. Welche Arbeiten müssen die Schüler machen?

der Fußball	die Zahnbürste	die Bluse	die Stiefel
der Volleyball	der Kamm	der Pullover	die Sandalen
das Kartenspiel	die Seife	der Regenmantel	die Schwimmflossen
die Filzstifte	die Zahnpasta	die Socken	die Turnschuhe
das Würfelspiel	der Schlafsack	die Jacke	der Anorak
der Malblock	das Nachthemd	das T-Shirt	die Hose
das Badetuch	der Schlafanzug	das Hemd	die Jeans
das Tischtennisspiel	die Badehose	die Mütze	der Rock
das Handtuch	der Schal	die Strümpfe	der Badeanzug

Der erste Tag im Schullandheim: Klasse 6 b macht das Programm

Um 8 Uhr frühstückt Klasse 6 b im Tagesraum. Die Schüler überlegen zusammen das Programm. Der Lehrer will, dass alle ihre Meinung sagen.

(7) **Wir** wollen **unser** Schiff ausprobieren.

(9) **Ich** füttere gern Pferde.

(3) **Mir** gefallen Schlösser.

(8) **Wir** fahren gern Boot.

(6) **Ich** spiele gern mit **meinen** Freunden Tischtennis.

(4) **Uns** gefallen Pferde gut.

(14) **Mir** gefällt eine Wanderung durch den Wald.

(1) **Ich** reite gern.

(16) **Wir** wollen Ballspiele machen.

(17) **Ich** will die Pferdeställe besichtigen.

(5) **Ich** möchte **meine** Schwimmflossen ausprobieren.

(13) **Ich** möchte gern ein Bauernhaus besichtigen.

(11) **Wir** wollen gern eine Bootsfahrt machen.

(10) **Ich** streichle Pferde so gern.

(12) **Ich** finde eine Fahrt ins Freilichtmuseum toll.

(15) **Uns** gefällt Baden im Freibad am besten.

(2) **Wir** klettern gern auf Berge.

① Andreas
② Daniel und Florian
③ Klaus
④ Petra und Sandra
⑤ Anna
⑥ Jörg
⑦ Holger und Stefan
⑧ Bettina und Lisa
⑨ Philipp
⑩ Tina
⑪ Ulf und Alexander
⑫ Marion
⑬ Max
⑭ Sabine
⑮ Birgit und Beate
⑯ Ulla und Katja
⑰ Markus

5A2 *Welche Meinung haben die Schüler zum Programm? Was sagen sie? Erzähle.*

1. Andreas sagt, dass **er** gern (reitet) .
2. Daniel und Florian sagen, dass **sie** gern auf Berge (klettern) .
3. Klaus sagt, dass **ihm** Schlösser (gefallen) .
4. Petra und Sandra sagen, dass **ihnen** Pferde gut (gefallen) .
5. Anna sagt, ...
6. Jörg sagt, ...
7. Holger und Stefan sagen, ...

...

5A3 *a) Kreuze an, was jeder Schüler gern machen will.*

	eine Besichtigung machen	eine Wanderung machen	Spiele machen	Tiere besuchen	am Wasser sein
Katja			X		
Petra					
Jörg					
Klaus	X				
Max					
Sabine					
Ulf					
Lisa					
Daniel					
Sandra					
Bettina					
Philipp					
Alexander					
Markus					
Anna					
Florian					
Tina					
Marion					
Birgit					
Andreas					
Holger					
Beate					
Ulla			X		
Stefan					

b) Erzähle nach der Tabelle, welche Meinung die Schüler haben.

1. Klaus ist dafür, dass sie eine Besichtigung machen.
2. Katja und Ulla sind dafür, dass sie Spiele machen.
3. ... ist/sind dafür, dass ...

5A4 *Was machst du gern? Wohin gehst du dann?*
Wähle aus und lass die anderen raten.

Ich mache gern	eine Besichtigung. eine Wanderung. Spiele.	Wohin gehe ich?
Ich sehe gern Tiere. Ich bin gern am Wasser.		

Du gehst …

ans Meer	zur Burg	ins Freibad	an den See	zum (ins) Rathaus
in den Zirkus	zu den Pferden	in den Tagesraum	an die Ostsee	auf den Berg
in den Zoo	zum (ins) Museum	zum (in den) Stall	auf den Spielplatz	nach Frankfurt
in die Berge	in den Wald	auf den Schulhof	zum (ins) Schloss	an den Fluss

AB, S. 128

Ausflüge in die Gegend

1. der Helenesee

1. das Freibad

2. Markendorf

2. die Pferdeställe

3. der Markendorfer Wald

4. der Schwarzberg

5. Frankfurt an der Oder

6. das Schloss Lübben

7. der Spreewald.

8. das Freilichtmuseum im Spreewald

5A5 *Wohin kann die Klasse 6 b gehen/fahren? Erzähle.*

Wenn die Schüler	eine Besichtigung machen wollen, eine Wanderung machen wollen, Tiere besuchen wollen, Spiele machen wollen, am Wasser sein wollen,	gehen fahren	sie	ins zum		Markendorfer Wald. Schwarzberg. Markendorf. Pferdeställe(n). Spreewald. Freibad. Freilichtmuseum. Helenesee. Schloss Lübben. Frankfurt. Tagesraum.
				in zu an auf	den die	
				nach		

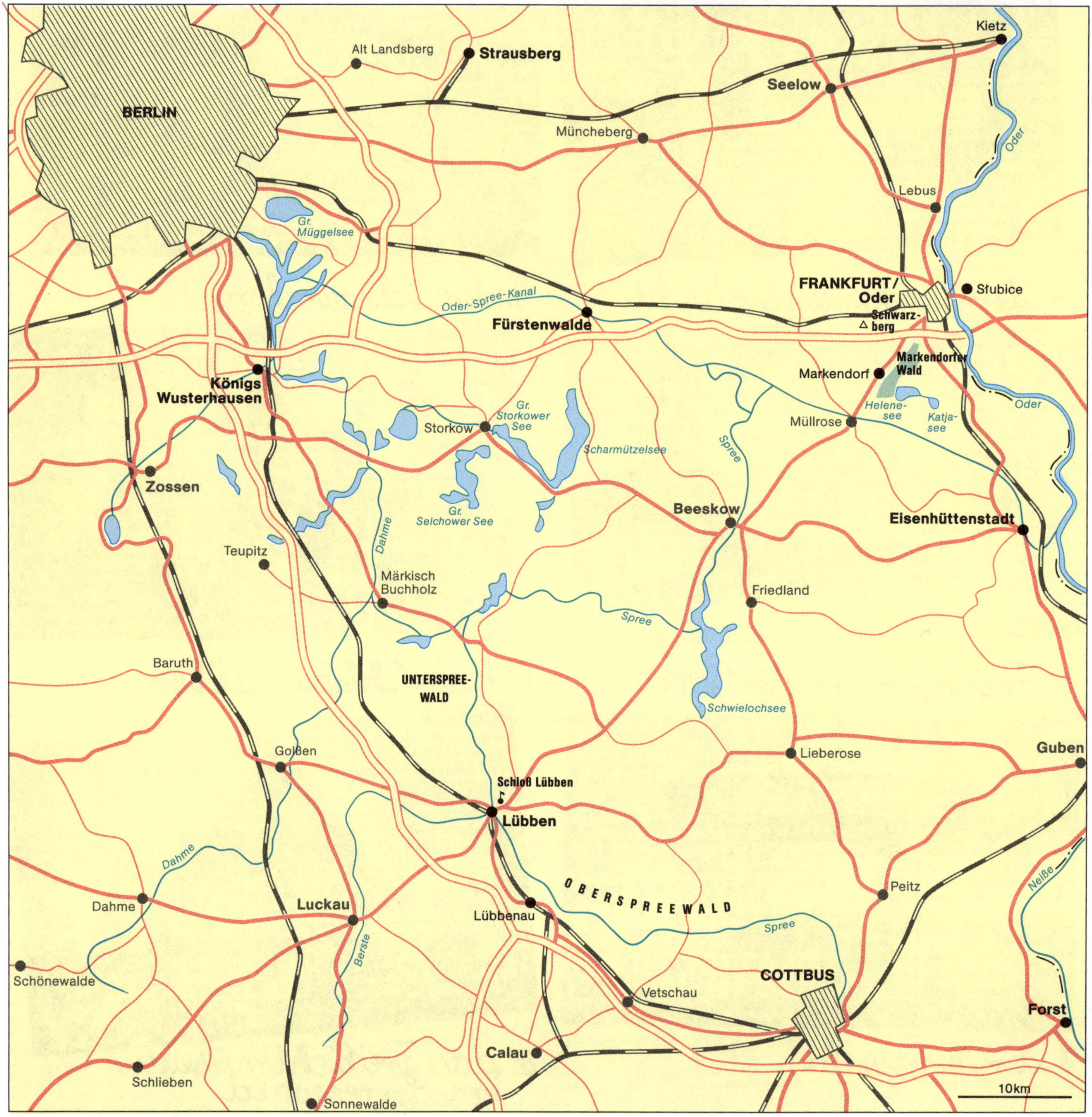

5A6 a) *Wo ist das in der Karte?*
Trage die Nummern in die Karte ein.

1. der Helenesee
2. Markendorf
3. der Markendorfer Wald
4. der Schwarzberg
5. Frankfurt an der Oder
6. Schloss Lübben
7. der Spreewald

b)

1. *Die Klasse 6b ist in Berlin.*
   Wie kommen die Schüler zum Schullandheim?

Sie fahren von Berlin über ..., über ... und über ... zum Schullandheim.

2. *Die Klasse 6b ist in Frankfurt.*
   Wie kommen die Schüler nach Lübben?

Sie fahren von Frankfurt über ...

3. *Die Klasse 6b ist auf dem Schwarzberg.*
   Wie kommen die Schüler zum Schullandheim?

Sie gehen vom ...

4. *Die Klasse 6b ist in Markendorf.*
   Wie kommen die Schüler nach Cottbus?

Sie fahren von ...

5. *Die Klasse 6b ist im Schullandheim.*
   Wie kommen die Schüler nach Lübbenau?

Sie fahren vom ...

5A7 Das Omnibuslied

Melodie: Woodie Guthrie
Deutscher Text: Fredrik Vahle

Arrangement: Jürgen Schöntges

1. Wir fahr'n heut fort mit'm Omnibus.
   Wir fahr'n heut fort mit'm Omnibus.
   Wir fahr'n heut fort mit'm Omnibus.
   Wir fahr'n heut alle fort.

2. Der Fahrer kommt: „Guten Tag, Herr Schulz!"
   Der Fahrer kommt: „Guten Tag, Herr Schulz!"
   Der Fahrer kommt: „Guten Tag, Herr Schulz!"
   Wir fahr'n heut alle fort.

3. Den Motor an: Brrmm, brrmm.
   Den Motor an: Brrmm, brrmm.
   Den Motor an: Brrmm, brrmm.
   Wir fahr'n heut alle fort.

4. Die Hupe geht: Tüüüt, tüüüt.
   Die Hupe geht: Tüüüt, tüüüt.
   Die Hupe geht: Tüüüt, tüüüt.
   Wir fahr'n heut alle fort.

5. Jetzt fahr'n wir immer schneller.
   Jetzt fahr'n wir immer schneller.
   Jetzt fahr'n wir immer schneller.
   Jetzt fahren wir ganz schnell.

6. Brrmm, brrmm, brrmm, brrmm.
   Brrmm, brrmm, brrmm, brrmm.
   Brrmm, brrmm, brrmm, brrmm.
   Wir fahr'n heut alle fort.

7. Der Fahrer ruft: „Der Kühler kocht!"
   Der Fahrer ruft: „Der Kühler kocht!"
   Der Fahrer ruft: „Der Kühler kocht!"
   Wir fahren viel zu schnell.

8. Dann fahr'n wir eben langsamer.
   Dann fahr'n wir eben langsamer.
   Dann fahr'n wir eben langsamer.
   Und halten endlich an.

9. Der Heini ruft: „Pinkelpause!"
   Der Heini ruft: „Pinkelpause!"
   Der Heini ruft: „Pinkelpause!"
   Wir steigen aus dem Bus.

Vom Bus, der immer stehen bleibt

Heute macht die 6b einen Ausflug in den Spreewald.
Der Busfahrer ist besonders lustig und macht gern Witze.

1. Kinder, wollen wir mit dem Bus fahren?
   Jaaaaaa!
   Wo ist denn der Schlüssel?
   Hiiiiiier!
   Schließ auf – schließ auf!
   Alle einsteigen!
   Brumm …
   Aber plötzlich hält der Bus wieder an:
   Brumm …

2. Was ist denn los?
   Ach, der Bus muss sich mal waschen!
   Holt mal Seife und ein Handtuch.
   Wasch dich – wasch dich!
   Ist der Bus jetzt sauber?
   Jaaaaaa!
   Alle einsteigen!
   Brumm …
   Aber plötzlich hält der Bus wieder an:
   Brumm …

3. Was ist denn los?
   Ach, der Bus muss sich mal kämmen!
   Kämm dich – kämm dich!
   Sind die Haare vom Bus jetzt ordentlich?
   Jaaaaaa!
   Alle einsteigen!
   Brumm …
   Aber plötzlich hält der Bus wieder an:
   Brumm …

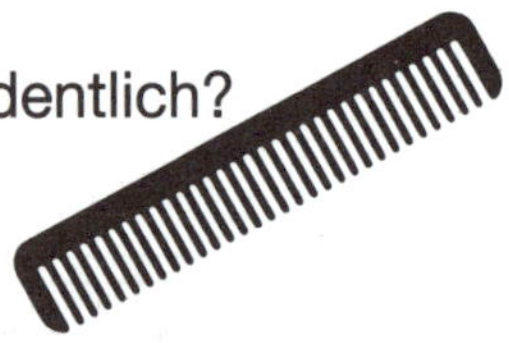

4. Was ist denn los?
   Der Bus stinkt ja so!
   Ach, der Bus muss wohl mal die Zähne putzen!
   Putzputzputz!
   Sind die Zähne vom Bus jetzt sauber?
   Jaaaaaa!
   Alle einsteigen!
   Brumm …
   Aber plötzlich hält der Bus wieder an:
   Brumm …

5. Was ist denn los?
Ach, der Bus muss sich anziehen!
Zieh dich an – zieh dich an!
Hat der Bus jetzt seine Kleider an?
Jaaaaaa!
Alle einsteigen!
Brumm …
Aber plötzlich hält der Bus wieder an:
Brumm …

6. Was ist denn los?
Ach, der Bus hat wohl kein Benzin mehr!
Der Bus muss mal tanken!
Gluck – gluck – gluck – gluck – gluck!
Hat der Bus jetzt genug Benzin?
Jaaaaaa!
Alle einsteigen!
Brumm …
Aber plötzlich hält der Bus wieder an:
Brumm …

7. Was ist denn los?
Ach, da steht ja eine Kuh mitten auf der Straße!
Geh weg, Kuh! Klatsch – klatsch!
Ist die Kuh jetzt weg?
Jaaaaaa!
Alle einsteigen!
Brumm …
Aber plötzlich ist da ein Bach, und der Bus fährt mitten hinein.
Platsch! Bums!

(Nach dem Text: *Vom Auto, das immer stehen blieb* von Heinrich Hannover)

5A8 *Lest den Text mit verteilten Rollen.*
Ihr braucht: einen Busfahrer, den Bus, die Kinder und einen Erzähler.

5A9 *Wann machte der Busfahrer Herr Schulz Witze? Was kann sein? Was kann nicht sein?*

1. Der Bus brummte.
2. Der Bus hielt an.
3. Die Kinder stiegen ein.
4. Der Bus brauchte Seife und Handtuch.
5. Der Bus zog sich an.
6. Der Bus blieb stehen.
7. Die Zähne vom Bus waren sauber.
8. Der Bus musste tanken.
9. Der Bus hatte kein Benzin mehr.
10. Der Bus putzte die Zähne.
11. Der Bus kämmte sich.
12. Eine Kuh stand mitten auf der Straße.
13. Der Bus trug Kleider.
14. Die Haare vom Bus waren unordentlich.
15. Der Schlüssel war nicht da.
16. Der Bus wusch sich.
17. Der Bus war schmutzig.
18. Der Bus fuhr mitten in einen Bach.
19. Der Bus stank.
20. Die Kuh war wieder weg.

Beispiele:

1. Es kann sein, dass der Bus (brummte).
2. Es kann nicht sein, dass der Bus sich (anzog).
3. Es kann sein, dass …
…
Es kann nicht sein, dass …
…

5A10 *Was meinst du? Freuen sie sich oder ärgern sie sich?*

Ich freue mich!
Ich darf auf dem Pferd reiten.

Ich ärgere mich!
Ich kann heute nicht Tischtennis spielen.

ich	freue/ärgere	mich
du	freust/ärgerst	dich
er	freut/ärgert	sich
sie	freut/ärgert	sich
es	freut/ärgert	sich
wir	freuen/ärgern	uns
ihr	freut/ärgert	euch
Sie	freuen/ärgern	sich
sie	freuen/ärgern	sich

☺	☹	
		1. Die Schüler feiern eine Party.
		2. Holger kann nicht mitfahren, weil er krank ist.
		3. Es regnet, und Sandra hat keinen Anorak mit.
		4. Wir finden die Wanderung toll.
		5. Ich darf die Pferde füttern.
		6. Ihr macht morgen einen Ausflug.
		7. Du kannst den Schlüssel nicht finden.
		8. Der Lehrer schimpft, weil die Schüler so laut sind.
		9. Alle Schüler bekommen ein Eis.
		10. Wir können nicht draußen spielen, weil es regnet.
		11. Ihr geht jetzt ins Freibad.
		12. Ich muss abwaschen.
		13. Du singst ein Lied.
		14. Der Busfahrer macht Witze.
		15. Daniel muss aufräumen.
		16. Ich habe meinen Ball nicht mit.
		17. Anna probiert ihre Schwimmflossen aus.
		18. Wir wollen das Schloss besichtigen, aber es ist zu.
		19. Ihr könnt heute nicht Boot fahren.
		20. Sie dürfen die Pferdeställe besichtigen.

Der Spreewald

Die Spree ist ein Fluss. Sie fließt durch Berlin. 100 km von Berlin entfernt, in der Nähe von Cottbus, hat die Spree ganz viele Flussarme. Da liegt der Spreewald. Der Spreewald ist 75 km lang und bis zu 15 km breit. Zwischen den Flussarmen ist aber nicht nur Wald. Da liegen auch Wiesen, Felder, Bauernhöfe und Dörfer. Früher konnte man nur mit dem Boot von Bauernhof zu Bauernhof fahren, weil es keine Straßen gab. Die Bauern im Spreewald bauten aber noch mehr Wasserstraßen, weil so die Wege zu ihren Wiesen und Feldern kürzer und einfacher wurden. Ihre Häuser bauten die Spreewaldbauern ganz aus Holz, weil es billig war und weil es genug Holz gab. Das Dach war aus Stroh. Auf dem Dach hatten die Bauernhäuser den Schlangenkönig mit der Krone. Er sollte das Haus vor Schlangen schützen. Im Spreewald gab es nämlich früher sehr viele Schlangen. Wenn es viel regnete, war das für die Spreewaldbauern gefährlich. Dann gab es Hochwasser, und auf den Wiesen und Feldern stand das Wasser. Das Gemüse und das Obst gingen kaputt, und die Bauern konnten nichts verkaufen. Heute ist das anders. Bei Hochwasser fließt das Wasser in Wasserbecken, und Hochwasser ist für die Bauern nicht mehr gefährlich. Im Spreewald gab es früher viele Tiere. 1650 jagte man dort zuletzt einen Bären und 1844 einen Wolf.

Noch heute fahren die Boote im Spreewald ohne Motor. Weil das Wasser so niedrig ist, bewegt man die Boote mit einer Stange. Wenn man eine Bootsfahrt durch den Spreewald macht, hört man nur die Vögel. Und wenn man Glück hat, sieht man sogar einen Eisvogel. Im Sommer kommen viele Touristen in den Spreewald. Sie fahren viele Stunden mit Booten auf den Spreearmen und schauen sich das Freilichtmuseum in Lehde an. Noch heute pflanzen die Spreewaldbauern Gurken und Kohl, und sie fahren wie früher mit Booten zu ihren Feldern. Die Frauen tragen oft noch die alten Trachten. Und noch heute bringt der Postbote die Briefe mit einem Boot zu den Spreewaldhäusern.

5A11 *Bearbeite die Anschlussaufgaben im Arbeitsbuch.*

Ein Ausflug nach Markendorf zu den Pferden

1.

die Schüler –	Pferdeställe besichtigen
die Pferde –	viel Arbeit machen
der Pferdejunge –	verantwortlich sein für Futter und Pflege
der Tierarzt –	einmal in der Woche die Pferde untersuchen

2.

die Mädchen –	die Pferde streicheln
die Pferde –	das gut finden
die Mädchen –	die Pferde füttern
die Pferde –	gern Brot fressen

3.

die Reitlehrerin –	Reitunterricht geben
das Reiten –	nicht leicht sein
die Kinder –	sich gut festhalten müssen
der Popo –	den Kindern wehtun

4.

die Kinder –	in den Pferdewagen steigen
zwei Pferde –	den Pferdewagen ziehen
die Kinder –	eine Fahrt durch den Markendorfer Wald machen

5A12 *Erzähle zu den Fotos. Die Stichwörter helfen dir dabei.*

5A13 *Wer sagt das wohl? Erzähle wie im Beispiel.*

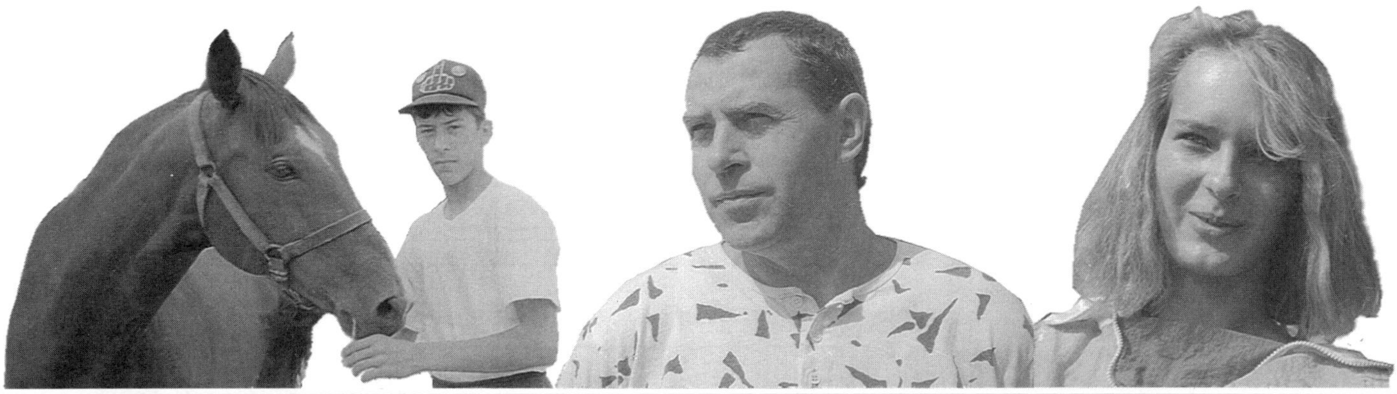

1. Mir gefällt die Arbeit mit Pferden sehr.	8. Wir haben 80 Pferde in den Ställen.
2. Pferde sind sehr empfindlich.	9. Mein Lieblingspferd heißt Albine.
3. Ich muss morgens schon sehr früh im Stall sein.	10. Ich spreche immer mit meinen Pferden.
4. Kinder lernen schnell reiten.	11. Pferde dürfen nicht schwitzen.
5. Viele Kinder kommen und wollen mir helfen.	12. Pferde dürfen nicht zu viel Gras fressen.
6. Ich gebe drinnen und draußen Reitunterricht.	13. Die Kinder bringen immer Brot für die Pferde mit.
7. Ich muss einmal in der Woche kommen.	14. Pferde dürfen nicht nur im Stall stehen.

Beispiele:

Der Pferdejunge sagt, dass **ihm** die Arbeit mit Pferden sehr gefällt.
Der Tierarzt sagt, dass ...
Die Reitlehrerin sagt, dass ...

5A14 *So ist es im Schullandheim. Wie findest du das?*

1. Alle Schüler müssen um 7 Uhr aufstehen.
2. Alle Schüler sind für ein paar Aufgaben verantwortlich.
3. Der Schlafraum hat 10 Betten.
4. Der Schlafraum hat 4 Betten.
5. Nur die Jungen machen sauber.
6. Das Schullandheim liegt am See.
7. Das Schullandheim liegt im Wald.
8. Die Klasse macht abends immer eine Party.
9. Die Schüler gehen abends immer früh ins Bett.
10. Die Lehrerin / Der Lehrer will immer ins Museum gehen.
11. Die Lehrerin / Der Lehrer will immer mitspielen.
12. Die Schüler gehen oft schwimmen.
13. Die Schüler dürfen die Pferde pflegen.
14. Die Schüler dürfen nicht reiten.
15. Die Lehrerin / Der Lehrer macht immer Witze.
16. Die Schüler dürfen nicht allein durch den Wald wandern.
17. Die Schüler machen viele Ausflüge und Besichtigungen.

+	–
Ich bin dafür, dass ... Ich finde (es) gut, dass ... Ich freue mich, dass ...	Ich bin dagegen, dass ... Ich finde (es) nicht gut, dass ... Ich ärgere mich, dass ...

1. Ich bin dafür, dass die Schüler um 7 Uhr aufstehen müssen.
2. Ich ...

1. Ich bin dagegen, dass die Schüler um 7 Uhr aufstehen müssen.
2. Ich ...

5A15 Jetzt fahr'n wir übern See

Melodie/Text: traditionell; Bearbeitung: Jürgen Schöntges

2. Und als wir drüben war'n, drüben war'n,
und als wir drüben (war'n),
da sangen alle Vöglein,
Vöglein, Vöglein, Vöglein,
da sangen alle Vöglein,
der helle Tag brach (an).

3. Ein Jäger rief ins Horn, rief ins Horn,
ein Jäger rief ins (Horn).
Da riefen alle Jäger,
Jäger, Jäger, Jäger,
da riefen alle Jäger,
ein jeder in sein (Horn).

4. Das Liedlein, das ist aus, das ist aus,
das Liedlein das ist (aus).
Und wer das Lied nicht singen kann,
singen, singen, singen kann,
und wer das Lied nicht singen kann,
der fängt von vorne (an).

** Hier muss man eine Pause machen und darf nicht singen.*

*** eine hölzerne Wurzel, hier: ein Boot*

5B1 *Reflexivpronomen / Reflexivverben: Konjugation Präsens*

		Reflexivpronomen		Reflexivpronomen	
Infinitiv	sich waschen		sich anziehen		
1. Pers. Sg.	ich wasche	**mich**	ich ziehe	**mich**	an
2. Pers. Sg.	du wäschst	**dich**	du ziehst	**dich**	an
3. Pers. Sg.	er wäscht	**sich**	er zieht	**sich**	an
	sie wäscht	**sich**	sie zieht	**sich**	an
	es wäscht	**sich**	es zieht	**sich**	an
1. Pers. Pl.	wir waschen	**uns**	wir ziehen	**uns**	an
2. Pers. Pl.	ihr wascht	**euch**	ihr zieht	**euch**	an
3. Pers. Pl.	Sie waschen	**sich**	Sie ziehen	**sich**	an
	sie waschen	**sich**	sie ziehen	**sich**	an

Was machen sie dann? Antworte mit den Verben aus dem Kasten wie im Beispiel.

sich kämmen, sich waschen, sich ausziehen, sich anziehen, sich ärgern, sich freuen, sich entschuldigen, sich bewegen

Beispiel: Die Kinder wollen ins Bett gehen.
Sie ziehen sich aus und waschen sich.

1. Ich stehe um 7 Uhr auf.
2. Seine Haare sind unordentlich.
3. Wir kommen zu spät.
4. Sie hat Geburtstag.
5. Das Pferd läuft.
6. Du sitzt in der Badewanne.
7. Ihr habt keine Hausaufgaben.
8. Wir werfen den Ball ins Fenster.
9. Das Auto fährt.
10. Die Schüler machen einen Ausflug.

5B2 *Präpositionen mit dem Dativ: zu, bei, von; zum, zur, beim, vom*

		Artikel Dativ Singular		Plural	
Präposition		maskulin	feminin	neutral		
zu / bei / von	+	dem				= **zum / beim / vom**
zu / bei / von	+		der			= **zur** / bei der / von der
zu / bei / von	+			dem		= **zum / beim / vom**
zu / bei / von	+				den	= zu den / bei den / von den

Beispiel:

Inge will *zur* Tante nach Köln fahren.
Sie geht *aus* dem Haus.
Sie läuft *vom* Schillerplatz *zum* Rathaus.
Dann fährt sie *mit* dem Bus.
Um fünf Uhr ist sie *bei* der Tante.

Erzähle genauso:

1. Christian: der Onkel, Hamburg, die Tür, die Mozartstraße, der Parkplatz, das Auto, sieben Uhr
2. Karin: die Freundin, München, das Zimmer, das Schloss, das Museum, die Bahn, vier Uhr

Nominativ Sg. maskulin	Welch**er** König sitzt auf dem Spreewaldhaus? **Der** Schlangenkönig.
Nominativ Sg. feminin	Welch**e** Tracht gefällt den Touristen gut? **Die** Spreewaldtracht.
Nominativ Sg. neutral	Welch**es** Museum ist im Spreewald? **Das** Freilichtmuseum.
Nominativ Pl.	Welch**e** Häuser liegen an Wasserstraßen? **Die** Spreewaldhäuser.
Akkusativ Sg. maskulin	Welch**en** Vogel sieht man oft im Spreewald? **Den** Eisvogel.
Akkusativ Sg. feminin	Welch**e** Schlange findet man im Spreewald? **Die** Wasserschlange.
Akkusativ Sg. neutral	Welch**es** Boot findet man nicht im Spreewald? **Das** Motorboot.
Akkusativ Pl.	Welch**e** Straßen gibt es im Spreewald? **Die** Wasserstraßen.

Stellt euch Rätselfragen wie im Beispiel.

der Berg	der See	der Fluss	die Stadt	das Museum	die Pferdeställe
Watzmann Schwarzberg	Helenesee Königsee Kochelsee	die Spree die Schlei die Oder	Köln Hamburg Berlin	Wikingermuseum Freilichtmuseum	Markendorfer Pferdeställe Pferdeställe am Kochelsee

Beispiel:

Welch**er** Berg ist / liegt in Ostdeutschland?
Der Schwarzberg.

Welch**e** . . . ? Welch**es** . . . ? Welch**e** . . . ?

Welch**en** Berg gibt es in Ostdeutschland?
Den Schwarzberg.

Welch**e** . . . ? Welch**es** . . . ? Welch**e** . . . ?

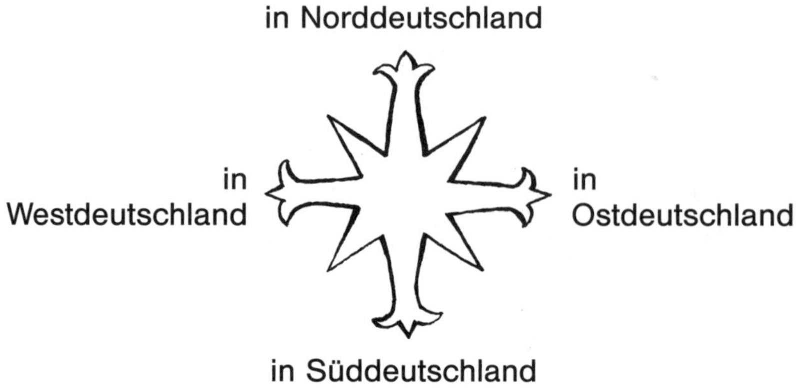

Ich habe meinen Hund schon 5 Jahre.

Bernd sagt, dass er seinen Hund schon 5 Jahre hat.

Mein Hund ist für mich wie ein Freund.

Bernd sagt, dass sein Hund für ihn wie ein Freund ist.

Mein Hund gefällt mir am besten.

Bernd sagt, dass sein Hund ihm am besten gefällt.

Ich habe meine Katze erst ein Jahr.

Monika sagt, dass sie ihre Katze erst ein Jahr hat.

Meine Katze ist für mich wie eine Freundin.

Monika sagt, dass ihre Katze für sie wie eine Freundin ist.

Meine Katze gefällt mir am besten.

Monika sagt, dass ihre Katze ihr am besten gefällt.

Wir haben unser Kaninchen jetzt zwei Jahre.

Lisa und Uli sagen, dass sie ihr Kaninchen jetzt zwei Jahre haben.

Unser Kaninchen ist für uns wie ein Spielzeug.

Lisa und Uli sagen, dass ihr Kaninchen für sie wie ein Spielzeug ist.

Unser Kaninchen gefällt uns sehr.

Lisa und Uli sagen, dass ihr Kaninchen ihnen sehr gefällt.

Das Thema im Gespräch:

Wie sind Mädchen?

Das sagten Schülerinnen und Schüler aus Hannover, als ein Reporter vom Schülermagazin „treff“ sie nach ihrer Meinung fragte.

Das denken Mädchen über Jungen:

1. Die Jungen spielen nicht mit Mädchen.
2. Sie spielen Fußball.
3. Sie spielen mit Autos.
4. Sie spielen lieber draußen.
5. Sie machen immer Quatsch.
6. Sie sind unordentlich und schmutzig.
7. Sie sind laut und frech.
8. Sie schlagen sich immer.
9. Sie sind wilder als Mädchen.
10. Sie machen immer ihre Sachen kaputt.
11. Sie ärgern immer die Mädchen.

Das denken Mädchen über Mädchen:

1. Die Mädchen spielen mit Babys und Puppen.
2. Sie malen besser als Jungen.
3. Sie helfen gern in der Küche.
4. Sie sind leise und toben nicht.
5. Sie sind netter und ruhiger als Jungen.
6. Sie laufen nicht so schnell.
7. Sie sind ordentlich und sauber.
8. Sie ziehen sich gern schön an.
9. Sie wollen hübsch sein.
10. Sie machen ihre Sachen nicht kaputt.

6A1 *Wo haben die Schülerinnen und Schüler aus Hannover die gleiche Meinung?*

Beispiele:

1. Mädchen und Jungen meinen, dass Mädchen mit Puppen spielen.
   Mädchen und Jungen meinen, dass …

2. Mädchen und Jungen meinen, dass Jungen Fußball spielen.
   Mädchen und Jungen meinen, dass …

Wie sind Jungen?

Das denken Jungen über Mädchen:

1. Die Mädchen spielen mit Puppen.
2. Sie sehen hübscher aus als Jungen.
3. Sie spielen lieber drinnen.
4. Sie tragen schöne Kleider.
5. Sie helfen im Haus.
6. Sie machen sich nicht schmutzig.
7. Sie singen gern.
8. Sie toben nicht.
9. Sie schlagen sich nicht.
10. Sie beißen und kratzen.
11. Sie weinen schnell.
12. Sie sind empfindlich.

Das denken Jungen über Jungen:

1. Die Jungen spielen Fußball und mit Autos.
2. Sie ärgern gern die Mädchen.
3. Ihre Haare sind kurz.
4. Sie sind stärker als Mädchen.
5. Sie machen gern Quatsch.
6. Sie machen viel Sport.
7. Sie machen sich oft schmutzig.
8. Sie schlagen sich gern.
9. Sie sind nicht so empfindlich.
10. Sie weinen nicht.
11. Sie rechnen besser.
12. Sie finden Technik gut.

6A2 *Was denkst **du** über Jungen und Mädchen? Glaubst **du** das auch?*

Beispiele:

1. Ich glaube, dass auch Jungen im Haus helfen.
   Ich glaube, dass …

2. Ich glaube, dass auch Mädchen Fußball spielen.
   Ich glaube, dass …

Bumfidel wünscht sich eine Puppe

Von Marieluise Bernhard-von Luttitz

Bumfidel wünscht sich was. Er wünscht sich eine Puppe zum Spielen. Die Mutter sagt: „Das ist doch nicht dein Ernst?"
Die Kinder lachen und rufen: „Bumfidel wünscht sich eine Puppe! Habt ihr's gehört?"
Die Nachbarn schütteln den Kopf. „Du bist doch kein Mädchen", sagen sie.
Bumfidel stört das nicht. „Ich wünsche mir eine Puppe", sagt er. „Zu Weihnachten, wenn es nicht früher sein kann."
Doch er bekommt keine. Die Mutter kauft sie ihm einfach nicht.
Bumfidel spart jetzt sein Taschengeld.
Dann geht er selbst ins Geschäft.
„Ich möchte eine Puppe", sagt er.
„Für deine Schwester?" fragt die Verkäuferin.
„Nein", sagt Bumfidel. „Für mich. Zum Spielen. Die mit den Zöpfen bitte, die draußen im Schaufenster steht."
Die Verkäuferin lacht. Sie holt die Chefin, und die lacht auch.
„Möchtest du nicht lieber einen Teddy?" fragt sie.
Bumfidel legt das Geld auf den Tisch.
Alle im Geschäft schauen ihm nach. Und auf der Straße bleiben die Leute stehen.
Bumfidel hält seine Puppe im Arm.
Dann spricht er das erste Mal mit seiner Puppe: „Was sind das für Leute?" sagt er. „Die wollen nicht, dass du einen Vater hast."

6A3 *Wie war das in der Geschichte?*
Was gehört zusammen? Trage unten ein.

1. Die Kinder lachten,
2. Die Nachbarn fanden nicht gut,
3. Bumfidel gefiel die Puppe,
4. Bumfidel kaufte seine Puppe selbst,
5. Die Verkäuferin meinte,
6. Die Chefin meinte,
7. Die Leute im Geschäft schauten ihm nach,
8. Die Leute auf der Straße blieben stehen,
9. Bumfidel ärgerte sich nicht,

a) wenn die Leute ihn auslachten.
b) dass Jungen lieber mit Teddys spielen.
c) weil sich Bumfidel eine Puppe wünschte.
d) als er mit der Puppe aus dem Geschäft ging.
e) als sie Bumfidel mit der Puppe sahen.
f) weil seine Mutter ihm kein Geld gab.
g) dass Bumfidel die Puppe für seine Schwester kaufen wollte.
h) dass er eine Puppe wollte.
i) denn sie hatte Zöpfe.

1	2	3	4	5	6	7	8	9

6A4 *Geschenke im Geschäft aussuchen.*
Suche Geschenke aus und erzähle wie im Beispiel.

die Kassette	das Aquarium	die Federtasche	die Kette	das Auto
die Puppe	die Schwimmflossen	der Pirat	die Filzstifte	das Briefpapier
der Regenschirm	der Teddy	das Buch	die Blumen	der Gürtel
das Schiff	der Ring	das Kartenspiel	der Werkzeugkasten	der Füller

Beispiel:

Meine Freundin hat Geburtstag.

Ich kaufe [meiner Freundin] [ein Kartenspiel.]

Ich schenke [**es**] [**ihr**.]

1. Mein Freund hat Geburtstag.
   Ich kaufe ...
   Ich schenke ...
2. Meine Schwester hat Geburtstag. Ich ...
3. Mein Bruder hat Geburtstag ...
4. Mein Vater hat ...
5. Meine Mutter hat ...
6. Meine Tante ...
7. Mein Onkel ...
8. Das Baby ...
9. Meine Oma ...
10. Mein Opa ...

6A5 *Was sich Geschwister wünschen. Erzähle wie in den Beispielen.*

a) *Beispiel:*

Monika wünscht sich		ein Auto.
Aber die Mutter schenkt	ihr	eine Puppe.
Der Bruder bringt	**ihr**	ein Auto.
und leiht	es	**der Schwester**.

1. Monika wünscht sich eine Eisenbahn.
Aber die Mutter schenkt ihr einen Malkasten.
Der Bruder bringt ...
und leiht ...

2. der Roboter – das Puppenhaus
3. das Flugzeug – die Filzstifte
4. das Schiff – der Teddy
5. die Schwimmflossen – der Ball
6. die Taschenlampe – das Buch
7. der Ritter – das Puppenbett

b) *Beispiel:*

Christian wünscht sich		einen Teddy.
Aber der Vater schenkt	ihm	einen Werkzeugkasten.
Die Schwester bringt	**ihm**	einen Teddy.
und leiht	ihn	**dem Bruder**.

1. Christian wünscht sich eine Puppe.
Aber der Vater schenkt ihm einen Roboter.
Die Schwester bringt ...
und leiht ...

2. das Bastelbuch – das Indianerbuch
3. das Kartenspiel – das Auto
4. die Liedkassette – der Fußball
5. der Malblock – das Briefpapier
6. die Filzstifte – der Füller
7. der Herd – das Spiel

Ein Interview für die Schülerzeitung PING-PONG

Mark, Martina und Axel sind Reporter bei der Schülerzeitung PING-PONG. Sie wollen mit einer Schülerin aus der Klasse 5a ein Interview zum Thema Freizeit machen. Ihr Hobby ist besonders interessant. Sibylle Langhagel spielt nämlich in ihrer Freizeit Fußball in einer Fußballmannschaft. Ihre Mannschaft konnte auch schon Pokale gewinnen.
Mark, Martina und Axel überlegen zusammen, was sie Sibylle fragen wollen.

Fragen an Sibylle

1. Wie alt bist du?
2. Warum spielst du Fußball?
3. Was für Hobbys hast du noch?
4. Wie oft trainierst du?
5. Was ist dein Lieblingsfach?
6. Wie heißt dein Verein?
7. Wie finden deine Mitschüler dein Hobby?
8. Wo machst du Tanzunterricht?
9. Was für ein Instrument spielst du?
10. Welche Farben hat dein Verein?
11. Wie lange spielst du schon Fußball?
12. Wo liegt der Fußballplatz?
13. Wo wohnst du?
14. Welcher Fußballverein ist dein Lieblingsverein?
15. Wie viele Geschwister hast du?
16. Wie viele Mädchen sind in deiner Fußballmannschaft?

6A6 *Wer stellt welche Fragen im Interview? Schau in die Liste der Fragen.*

a) Martina fragt alles,
was sie über Sibylle wissen wollen:

Martina fragt, wie alt **sie** (ist). Martina fragt, …

b) Mark fragt alles,
was sie über das Hobby Fußball wissen wollen.

Mark fragt, wie **ihr** Verein (heißt). Mark fragt, …

c) Axel fragt alles,
was sie über andere Hobbys wissen wollen.

Axel fragt, was für Hobbys **sie** noch (hat). Axel fragt, …

6A7 *Noch mehr Fragen an Sibylle. Was möchtest du noch über Sibylle wissen? Wähle aus.*

1. Spielst du auch gegen andere Mannschaften?
2. Machst du immer deine Hausaufgaben?
3. Hat deine Mannschaft schon Pokale?
4. Spielen noch mehr Mädchen aus deiner Klasse Fußball?
5. Machst du auch bei Tanzvorstellungen mit?
6. Schießt du auch Tore?
7. Willst du noch lange Fußball spielen?
8. Spielst du auch mit Jungen Fußball?
9. Machst du auch Reisen mit deinem Fußballverein?
10. Musst du auch in den Ferien trainieren?
11. Spielst du das ganze Jahr draußen Fußball?

1. Ich möchte wissen, [ob] **sie** auch gegen andere Mannschaften (spielt).

2. Ich möchte wissen, [ob] …

Sibylle spielt Fußball

Sibylle Langhagel wohnt in Hamburg-Altona. Sie ist 10 Jahre alt und hat keine Geschwister. Zwei Jahre spielt sie schon Fußball im Verein „Altona 93“. Zweimal in der Woche trainiert sie zusammen mit 20 Jungen und 2 Mädchen. Der Fußballplatz von Altona 93 ist in der Nähe von Sibylles Wohnung. Alle 14 Tage spielt Sibylles Mannschaft gegen andere Mannschaften. Die Eltern fahren die Kinder dann durch ganz Hamburg. Im Winter bringen sie die Kinder zu den Sporthallen und im Sommer zu den Sportplätzen.

In Hamburg gibt es acht Vereine mit Kindermannschaften. Sie machen oft am Wochenende Pokalspiele. Manchmal fahren die Kinder sogar in andere Städte wie Kiel oder Lübeck.

Wenn eine Mannschaft einen Pokal gewinnt, darf immer ein Kind aus der Mannschaft den Pokal nach Hause mitnehmen. Sibylle hat auch schon einen Pokal für den vierten Platz zu Hause in ihrem Zimmer. Sibylle spielt schon sehr gut Fußball, aber sie kann noch keine Tore schießen.

Sibylle hat Fußball als Hobby, weil ihre Cousine Fußball so toll fand. Ihre Cousine spielte immer mit den Jungen auf dem Schulhof Fußball. Sie wusste alles über Fußball und kannte alle Spieler. Da wollte Sibylle auch Fußball spielen und ging zu Altona 93. Schwarz-Weiß-Rot sind die Farben von Altona 93. Alle Mitschüler aus ihrer Klasse finden Sibylles Hobby toll.

Aber Sibylle hat noch mehr Hobbys. Sie hat Tanzunterricht in einer Tanzschule und spielt auch Flöte in der Jugendmusikschule.
Sibylle geht gern in die Schule, weil sie in der Pause Fußball spielen kann. Aber ihr Lieblingsfach ist nicht Sport, sondern Musik. Und ihr Lieblingsverein ist nicht Altona 93, sondern der HSV.

6A8 *Welche Fragen aus den Aufgaben 6A6 und 6A7 beantwortet der Zeitungsartikel? Spielt das Interview.*

AB, S. 128

Freizeit und Hobbys

6A9 *Zu welcher Nummer gehören die Hobbys a – p? Trage die richtigen Buchstaben ein.*

1

2

3

4
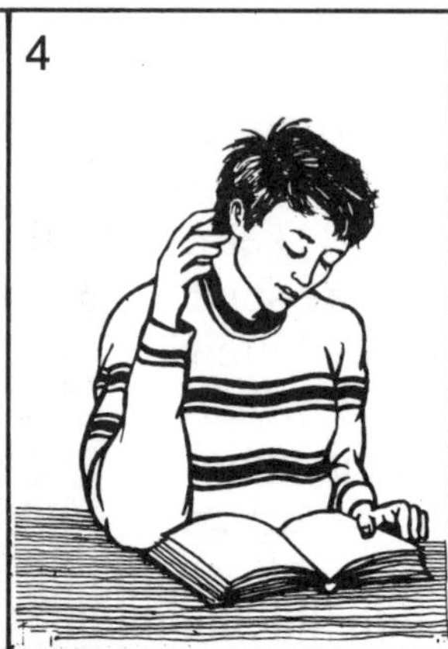

5
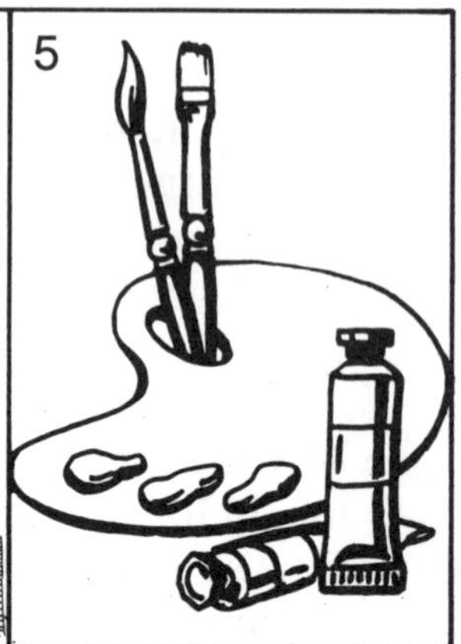

Sachen sammeln	Musik machen und hören	Sport und Spiele machen	Bücher lesen	malen und basteln

a) Popmusik hören
b) Aufkleber sammeln
c) Fußball spielen
d) Bilder malen
e) schwimmen
f) Tierbücher lesen
g) Volleyball spielen
h) Stofftiere sammeln
i) Klavier spielen
k) Briefmarken sammeln
l) Comics lesen
m) Geschenke basteln
n) Gitarre spielen
o) Modelle bauen
p) Krimis lesen

6A10 *Welches Hobby gefällt dir? Merk dir eins und lass die anderen raten.*
*Du darfst nur mit **ja** oder **nein** antworten.*

Sammelst du Sachen? – Nein.
Liest du Bücher? – Ja.
Liest du Comics? – Nein.
Liest du Krimis? – Ja.

6A11 *Fragt euch untereinander.*

Welches Hobby hast du?
Was machst du in deiner Freizeit?

Das Kindermuseum in Wuppertal

Kunst für Kinder – zum Mitmachen und Anfassen

Mit einer Bierdose fing es an. Im Kunstunterricht bauten Schüler in Wuppertal mit ihrer Lehrerin Margret Beckmannshagen Musikinstrumente aus Bierdosen. Die Schüler fanden die Idee fantastisch und lernten, dass sie aus Abfall viele Sachen machen können. Sie sammelten Dosen, Flaschen, Holz und Metall. Sie bauten, klebten und malten. Dann machten sie Musik mit ihren Instrumenten.

Nach Jahren standen viele Instrumente im Kunstraum, und der Kunstraum wurde zu klein. Da gründete die Schule das Kindermuseum Wuppertal. Sie fanden ein Haus, doch das Haus war sehr alt. Handwerker mussten es erst reparieren. Die Schüler halfen den Handwerkern und freuten sich, als ihr Museum endlich fertig war.
Heute kann man im Kindermuseum mehr als 200 Instrumente besichtigen. Man darf die Instrumente anfassen, und alle zusammen machen Musik.

Mehr als 25000 Kinder waren schon im Kindermuseum Wuppertal.
„Wenn es ganz laut ist, dann haben die Kinder Spaß", sagt Margret Beckmannshagen. Im Museum können Kinder auch Kurse besuchen und selbst Sachen bauen. Die kann man dann auch im Museum besichtigen.
Da gibt es das Musikinstrument Nena. Nena ist grün und riesengroß und ist ein Krokodil. Auf Nena kann man sitzen. Hinter den Ohren hat Nena zwei Trommeln. Auch Kingkong, der Affe, ist ein Musikinstrument. Kingkong hat eine Gitarre im Bauch und Bananen über dem Kopf.
Ottifant, der Elefant, hat eine Trommel im Bauch, und sein Rüssel ist eine Trompete. Auf der Trompete kann man blasen.
Das Kindermuseum Wuppertal macht jedes Jahr einen Malwettbewerb. Mitmachen können Kinder aus aller Welt. Ihre Postkartenbilder kann man dann im Museum anschauen.

Die Themen waren bis jetzt:
„Wir feiern ein Fest",
„Sport ist Spitze",
„Hier bin ich zu Hause",
„Tiere meine Freunde",
„Meine Traumreise" und
„Zirkus - Gaukler - Clowns".

Schaufensterschule und Kinderkunst Kindermuseum e.V.

Kindermuseum
Schaufensterschule & Kinderkunst e.V.
5600 Wuppertal 22, Beyeröhde 1
Telefon 0202 / 605278

Malt uns ein schönes Postkartenbild und schickt es uns!

6A12 *Bearbeite die Anschlussaufgabe im Arbeitsbuch.*

Michael Lange schreibt zum Thema „Wochenende“ in der Schülerzeitung PING-PONG:

Ein Wochenende nach meinem Herzen

Am liebsten möchte ich morgens im Bett Kassetten hören. Dann soll meine Mutter mir mein Frühstück ans Bett bringen: ein Ei, ein Brötchen mit Wurst, ein Brötchen mit Käse, ein Joghurt mit Honig und Kakao. Danach bade ich in der Badewanne mit viel Schaum. Dann ziehe ich mich an, hole mein Pferd und reite zu meinem Freund.
Mittags reiten wir zum Restaurant, und meine Eltern kommen auch. Dort bestelle ich eine Pizza und zweimal Spaghetti-Eis. Am Nachmittag mieten wir ein Flugzeug mit Pilot und fliegen zu meiner Tante Gundi nach München. Dort gibt es Kuchen und Torte.
Wenn wir zurückfliegen, besuchen wir auch meinen Onkel in Augsburg. Der macht für uns ein tolles Abendessen. Dann fliegen wir nach Hause zurück.
Am Abend sind wir wieder zu Hause. Wir machen noch ein Spiel zusammen. Ich gewinne natürlich. Danach gehe ich spät ins Bett und sehe noch lange fern.
Am besten finde ich das Wochenende, wenn am Montag schulfrei ist so wie gestern.

6A13 *Fragt euch untereinander nach dem Schüttelkasten, was Michael erzählt. Kreuze an, was richtig ist. Wenn **ja**, gib auch die Zeile(n) an.*

				Ja	Zeile(n)	Nein
Schreibt Erzählt	Michael,	wann ob wer welche wie was wo wohin	er aufsteht?	......	....	....
			er frühstückt?	......	....	....
			das Frühstück macht?	......	....	....
			Kassetten er hört?	......	....	....
			er sich wäscht?	......	....	....
			er sich anzieht?	......	....	....
			sein Freund wohnt?	......	....	....
			er zu seinem Freund kommt?	......	....	....
			er mittags isst?	......	....	....
			er im Restaurant bestellt?	......	....	....
			er am Nachmittag fliegt?	......	....	....
			sein Onkel heißt?	......	....	....
			er am Abend macht?	......	....	....
			Spiele er spielt?	......	....	....

6A14 *Was möchtest du am Wochenende am liebsten machen? Erzähle:*

Morgens ..., dann ..., mittags ..., am Nachmittag ..., danach ..., am Abend ...

6B1 *Nebensätze: indirekte Fragesätze*

Wie (gefällt) dir dein Hobby?

1. Sie fragt, wie ihm sein Hobby (gefällt).

Wie lange (sammelst) du Briefmarken?

2. Sie fragt, wie lange er Briefmarken (sammelt).

Was für Hobbys (hast) du noch?

3. Sie fragt, was für Hobbys er noch (hat).

(Musst) du viel (trainieren)?

4. Sie fragt, ob er viel (trainieren) (muss).

6B2 *Satzmodelle: Position von* Akkusativ *und* Dativ

1.	Der Vater	schenkt	der Tochter	den Papagei.
2.	Der Vater	schenkt	ihn	ihr.
3.	Der Vater	schenkt	ihn	der Tochter.
4.	Der Vater	schenkt	ihr	den Papagei.

Zu welchem Satzmodell gehören die Sätze? Trage die richtige Nummer ein.

☐	Mutter kauft es ihm.	☐	Der Lehrer gibt ihnen die Hefte.
☐	Christian schreibt ihnen eine Postkarte.	☐	Opa baut es Michael.
☐	Der Kellner bringt es dem Gast.	☐	Petra schreibt ihn mir.
☐	Oma backt euch den Kuchen.	☐	Ihr schenkt uns den Kalender.
☐	Du bringst ihn deinem Freund.	☐	Ich male es der Oma.
☐	Er leiht seiner Schwester das Buch.	☐	Sie wäscht sie uns.

Ritter Klipp von Klapperbach

Text / Melodie: Fredrik Vahle

Bearbeitung: Jürgen Schöntges

2. Und seine Frau Mathilde,
die hatte keine Ruh,
denn um die Burg, da klappert's,
da klappert's immerzu.
Sie rief: Klipp, komm zum Essen,
heut gibt es Speck und Kraut,
doch Klipp hat nichts verstanden,
er klapperte zu laut.

3. Dann ritt Herr Klipp zum Kampfe
und klappert' fürchterlich
und haute klappernd um sich,
der arge Wüterich.
Da traf ihn eine Lanze
mit einem Riesenkrach.
Er klapperte noch leise,
als er am Boden lag.

7A1 *Erzähle jetzt über Ritter Klipp von Klapperbach. Ergänze die Sätze nach dem Liedtext.*

1. Ritter Klipp hieß Herr von Klapperbach, weil ...
2. Er machte einen Riesenkrach, wenn ...
3. Weil seine Rüstung aus Eisen und Blech war, ...
4. Weil er so laut klapperte, ...
5. Seine Frau konnte nicht schlafen, weil ...
6. Als das Essen fertig war, ...
7. Der Ritter konnte Frau Mathilde nicht verstehen, denn ...
8. Als Ritter Klipp zum Kampf ritt, ...
9. Als er kämpfte, ...
10. Als er am Boden lag, ...

Als Ritter Klipp nun vom Kampf nach Hause kam, hatte er ein Loch im Kopf und vergaß immer alles. Er musste alles aufschreiben und machte jeden Abend einen Plan:

Ritter Klipps Tagesplan

Das muß ich morgen machen:

1. die Augen aufmachen
2. „Guten Morgen" sagen
3. die Rüstung anlegen
4. frühstücken
5. mit der Lanze trainieren
6. das Pferd holen
7. Ritter Kunibert besuchen
8. mit Kunibert Hasen jagen
9. Kuniberts Wein probieren
10. „Auf Wiedersehen" sagen
11. auf dem Rückweg aufpassen
12. im Schlafzimmer nicht klappern

Am nächsten Morgen wachte Ritter Klipp auf. Dann machte er die Augen auf und schaute auf seinen Plan. Da stand: „Ich habe die Augen schon aufgemacht", sagte er und strich die Nummer 1 durch.

1. die Augen aufmachen

~~1.~~

Dann sagte er: „Guten Morgen, Mathilde!" und schaute auf seinen Plan. Da stand: „Ich habe schon ‚Guten Morgen' gesagt", sagte er und strich die Nummer 2 durch.

2. „Guten Morgen" sagen

~~2.~~

Dann legte er die Rüstung an und schaute auf seinen Plan. Da stand: „Ich habe die Rüstung schon angelegt", sagte er und strich die Nummer 3 durch.

3. die Rüstung anlegen

~~3.~~

7A2 *Erzähle die Geschichte nach dem Tagesplan von Ritter Klipp weiter.*

4. Dann ... und ...
   Da stand: ...
   „Ich habe schon gefrühstückt", ... und ...

5. habe mit der Lanze trainiert
6. habe das Pferd geholt
7. habe Ritter Kunibert besucht
8. habe mit Kunibert Hasen gejagt
9. habe Kuniberts Wein probiert
10. habe Ritter Kunibert „Auf Wiedersehen" gesagt
11. habe auf dem Rückweg aufgepasst
12. habe im Schlafzimmer nicht geklappert

Da wachte Mathilde auf und schimpfte: „Musst du denn auch noch im Bett Krach machen?"
Ritter Kunibert schaute noch einmal auf seinen Plan und sagte:
„Aber ich habe doch im Schlafzimmer nicht geklappert!"
„Du hast doch deine Rüstung nicht abgelegt!"
Ritter Klipp schaute auf seinen Plan: „Das steht aber nicht hier!"

Ritter Klipp auf der Jagd

1. Ritter Klipp – hat – gejagt .

2. Ritter Klipp – hat – morgens – gejagt .

3. Ritter Klipp – hat – morgens – Hasen – gejagt .

4. Ritter Klipp – hat – morgens – im Wald – Hasen – gejagt .
   Morgens – hat – Ritter Klipp – Hasen – im Wald – gejagt .
   Hasen – hat – Ritter Klipp – morgens – im Wald – gejagt .
   Im Wald – hat – Ritter Klipp – morgens – Hasen – gejagt .

7A3 *Welches Bild passt zu welchem Satzmodell? Trage die richtige Nummer ein.*

7A4 *Erzähle Rittergeschichten wie in den Satzmodellen zu Nummer 4.*

1. Ritter Klipp
   geklappert
   nachts
   mit der Rüstung
   im Schlafzimmer

2. Frau Mathilde
   geschimpft
   abends
   mit Klipp
   im Schlafzimmer

3. Ritter Klipp
   gefrühstückt
   um 7 Uhr
   mit Mathilde
   im Rittersaal

4. Ritter Klipp
   geputzt
   morgens
   seine Rüstung
   in der Küche

5. Ritter Klipp
   trainiert
   mittags
   mit der Lanze
   im Burghof

Die Belagerung von Burg Klapperbach

Ritter Kunibert liebte Fräulein Anna, die Tochter von Ritter Klipp, und wollte sie heiraten. Aber Ritter Klipp und seine Frau Mathilde waren dagegen und gaben Kunibert ihre Tochter nicht zur Frau.
Da belagerte Ritter Kunibert mit seinen Leuten die Burg Klapperbach. Die Belagerung dauerte nun schon drei Monate, aber in der Burg gab es immer noch genug Essen. Ritter Klipp lachte nur über die Belagerung und schickte Herrn Kunibert sogar jeden Tag einen Hasen.
Wie war das möglich?
Keine Maus konnte aus der Burg herauskommen. Wie konnte Ritter Klipp im Wald Hasen jagen?
Hier ist sein Tagebuch:

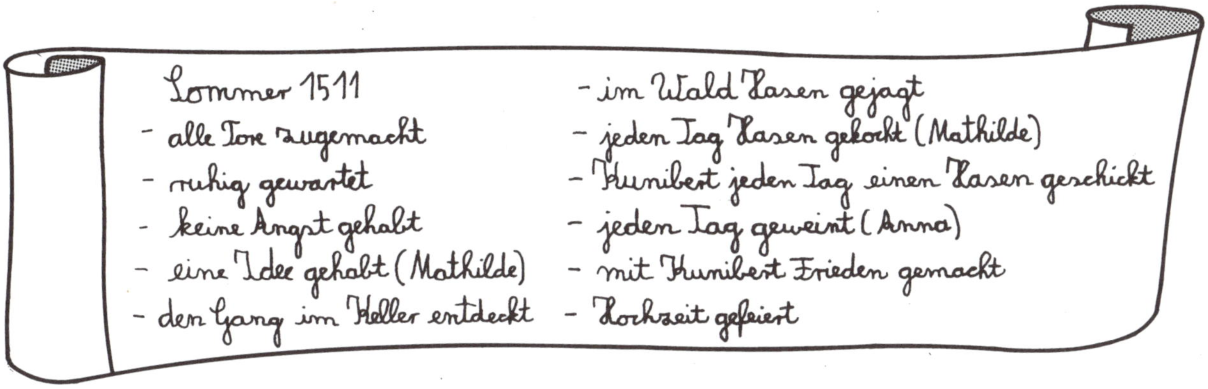

7A5 *a) Erzähle nach dem Tagebuch über die Belagerung.*

„Wir haben alle Tore zugemacht. Wir haben ... "

Als endlich Frieden war zwischen Klipp und Kunibert, musste Ritter Klipp wieder in den Kampf. Aber das sollte das letzte Mal sein! Ritter Klipp von Klapperbach hatte keine Lust mehr. Er warf seine Rüstung weg und hatte genug vom Kämpfen.

b)
Lest die 4. Strophe des Liedes „Ritter Klipp von Klapperbach" und hört sie von der Kassette. Dann könnt ihr das ganze Lied singen.

4. Zum Teufel mit der Rüstung!
Das ist doch alles Blech!
So rief der Klapperbach
und warf sie einfach weg.
Dann humpelt' er nach Hause
und wurd' ein Müllersmann
und hört' sich abends friedlich
das Mühlradklappern an.

Spiele und Unterricht bei den Rittern im Mittelalter

7A6 *Was haben wohl die Mädchen (**M**) gemacht? Was haben wohl die Jungen (**J**) gemacht? Überlege und trage **M** oder **J** ein.*

1. die Gäste bedienen	◯	12. mit Ritterfiguren spielen	◯
2. mit der Lanze trainieren	◯	13. Musik machen	◯
3. Kleider nähen	◯	14. Französisch lernen	◯
4. Medizin machen	◯	15. sich im Burghof verstecken	◯
5. den Lehrer ärgern	◯	16. Rittergeschichten erzählen	◯
6. rechnen	◯	17. Kranke pflegen	◯
7. Haustiere haben	◯	18. mit Puppen spielen	◯
8. den Stall sauber machen	◯	19. Instrumente spielen	◯
9. Pferde pflegen	◯	20. mit dem Schwert kämpfen	◯
10. Reiten lernen	◯	21. Pferde in den Stall bringen	◯
11. bei Ritterspielen mitmachen	◯	22. Buchstaben lernen	◯

7A7 *Erzähle, was Mädchen und Jungen gemacht haben.*

Die Mädchen

Die Jungen

haben

Kleider Instrumente mit dem Schwert Französisch mit Puppen Pferde Reiten Buchstaben den Lehrer Kranke Medizin mit Ritterfiguren Haustiere Aufgaben Musik	① **ge**näh**t.** **ge**spiel**t.** **ge**kämpf**t.** **ge**lern**t.** **ge**spiel**t.** **ge**pfleg**t.** **ge**lern**t.** **ge**lern**t.** **ge**ärger**t.** **ge**pfleg**t.** **ge**mach**t.** **ge**spiel**t.** **ge**hab**t.** **ge**rechne**t.** **ge**mach**t.**
den Stall bei Ritterspielen	② sauber **ge**mach**t.** mit**ge**spiel**t.**
Rittergeschichten die Gäste mit der Lanze sich im Burghof	③ erzähl**t.** bedien**t.** trainier**t.** versteck**t.**
Pferde in den Stall	④ **ge**brach**t.**

7A8 *Ritter Klipp hat immer Pech.*
Fragt euch untereinander: Was hat Ritter Klipp vorher gemacht?
Die Nummern im Kasten unten sagen dir,
wie die Verbform gebildet wird (vgl. Übung 7A7)

1. Ritter Klipp ist im Burgkeller, und die Tür ist zu.
2. Ritter Klipp liegt im Bett und hat Schmerzen.
3. Ritter Klipp darf nicht mehr im Schlafzimmer schlafen.
4. Ritter Klipp bekommt kein Mittagessen.
5. Ritter Klipp fällt vom Pferd.
6. Ritter Klipp darf bei den Ritterspielen nicht mitmachen.
7. Frau Mathilde spricht nicht mehr mit Ritter Klipp.
8. Ritter Klipp verliert den Kampf gegen Ritter Kunibert.
9. Ritter Klipp fällt in der Rüstung die Treppe runter.
10. Frau Mathilde kann bei der Hochzeit nicht vorsingen.
11. Die Hochzeitsgäste können nicht in die Burg kommen.
12. Die Hochzeitsgäste lachen laut.

nachts mit der Rüstung klappern ① – zu wenig trainieren ③ – Mathilde ärgern ① – nicht aufpassen ② – den Schlüssel auf den Küchentisch legen ① – seine Lanze nicht mitbringen ②, ④ – keine Hasen jagen ① – Mathildes Liederbuch verstecken ③ – sich auf die Hochzeitstorte setzen ① – zu viel Wein probieren ③ – in der Rüstung Ball spielen ① – das Burgtor zumachen ④

Beispiel:

Ritter Klipp ist im Burgkeller, und die Tür ist zu.
Was hat Ritter Klipp vorher gemacht?

Er hat den Schlüssel auf den Küchentisch gelegt.

7A9 *Hat man das im Mittelalter gemacht?*
Erzähle im Perfekt.

1. mit Lanzen kämpfen ①
2. den Zoo besuchen ③
3. Bären jagen ①
4. Cowboy-Geschichten erzählen ③
5. Märchen erzählen ③
6. Filme anschauen ②
7. Artisten und Zauberer anschauen ②
8. Gäste auf die Burg bringen ④
9. Pferde in die Burg bringen ④
10. Ritterpizza bestellen ③
11. Eis probieren ③
12. Glühbirnen anmachen ②
13. Kerzen anmachen ②
14. auf dem Burgparkplatz parken ①
15. im Burghof trainieren ③
16. Rüstungen anlegen ②
17. Jeans anhaben ②
18. telefonieren ③
19. auf dem Spielplatz spielen ①
20. im Burghof spielen ①
21. Kängurus jagen ①
22. Kassetten vorspielen ②

Beispiele:

1. Man **hat** mit Lanzen **gekämpft**.
2. Man **hat** noch nicht den Zoo **besucht**.
3. Man …

Herzlich willkommen auf Burg Satzvey!

Graf und Gräfin Beissel von Gymnich begrüßen Sie herzlich auf der Wasserburg Satzvey.
Wenn Sie Ritterspiele sehen wollen, dann kommen Sie Mitte Juni zu uns.
Ritter kämpfen im Burgpark auf ihren Pferden. Sie haben Rüstungen und Lanzen. Der Sieger bekommt ein Tuch. Jeden Sommer bauen auch Wikinger ihre Zelte auf. Im Burghof verkaufen Handwerker ihre Waren. Zauberer und Artisten zeigen ihre Kunst.
Jedes Jahr besuchen viele Touristen mit dem Bus die Burg Satzvey. Die Fahrt von Köln bis Satzvey dauert nur eine halbe Stunde. Busse und Autos parken auf dem Parkplatz vor der Burg. In der Burg besichtigen die Touristen gern die Waffensammlung.
Der Burgkoch kocht gern für viele Gäste. Im Rittersaal bestellen die Gäste am liebsten Schwein oder Lamm am Spieß, Kinder natürlich Kuchen. Kinder können auch Ritterkostüme und Pferdekostüme leihen und Ritter spielen. Im Ritterzelt machen Spielleute Musik. In das Ritterzelt passen viele Gäste hinein. Abends feiern die Ritter Feste und tanzen. Nachts sieht man die Burg im Licht eines Feuerwerks.
Machen Sie einen Ausflug ins Mittelalter und seien Sie unsere Gäste!
Wir freuen uns auf Ihren Besuch.

Graf und Gräfin Beissel von Gymnich

Burg Satzvey, im April 1991
5353 Mechernich-Satzvey

7A10 *Was hat man schon im Mittelalter auf Burg Satzvey gemacht? Suche die passenden Stellen im Brief und erzähle.*

1. Die Ritter haben im Burghof auf ihren Pferden gekämpft.
2. Sie ...
3. Handwerker ...
4. Zauberer und ...
5. der Burgkoch ...
6. Spielleute ...
7. Viele Gäste ...
8. Die Ritter ...

AB, S. 129

Ritter in ihren Rüstungen auf dem Weg zu den Ritterspielen

Das größte Ritterzelt auf der Welt

Die Ritter kämpfen mit ihren Lanzen

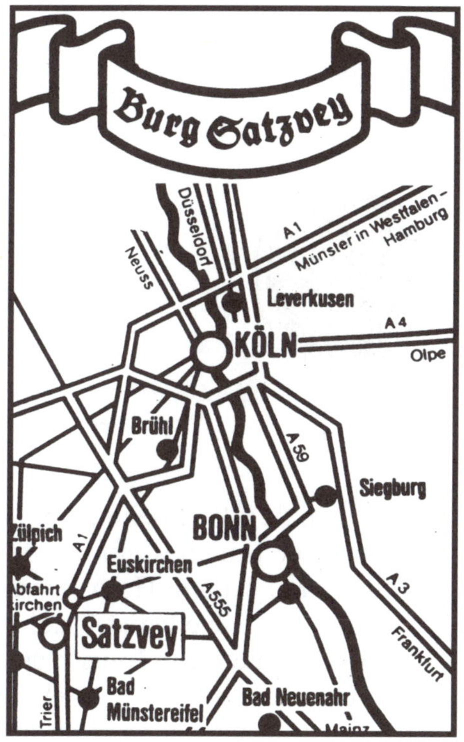

Handwerker bei der Arbeit

7A11 *Wer war Till Eulenspiegel? Erzähle.*

hat im Mittelalter gelebt

hat gern Unsinn gemacht

hat die Leute geärgert

hat immer zuletzt gelacht

hat keinen Beruf gelernt

hat nie lange in einer Stadt gelebt

hat bei vielen Handwerkern gearbeitet

war arm

war ein Clown

war sehr schlau

konnte auf dem Seil tanzen

wollte über die Leute lachen

Till Eulenspiegel

Diese Geschichte erzählt, wie Eulenspiegel bei dem Grafen von Anhalt als Turmbläser arbeitete. Wenn die Feinde kamen, so blies er nicht, und wenn kein Feind da war, so blies er.

Eulenspiegel arbeitete bei dem Grafen als Turmbläser. Immer wenn Feinde in der Nähe waren, sollte er mit seinem Horn Alarm blasen.

Weil der Graf viele Feinde hatte, gab es in seiner Burg auch viele Ritter. Die Ritter mussten jeden Tag essen, und das wurde mit der Zeit sehr teuer für den Grafen. Till Eulenspiegel aber saß auf dem Turm, und keiner brachte ihm Essen. Eines Tages kamen die Feinde bis vor die Burg und nahmen alle Kühe und Schweine mit. Eulenspiegel schaute durch das Turmfenster, lachte und blies nicht in sein Horn.

Der Graf wurde wütend und schimpfte mit Eulenspiegel: „Warum sitzt du still am Fenster und bläst nicht in dein Horn?"

Eulenspiegel antwortete: „Vor dem Essen blase und tanze ich nicht gern."

Der Graf verfolgte die Feinde und brachte die Kühe und Schweine zurück in die Burg. Dann feierte er ein Fest. Er saß mit seinen Rittern am Tisch, es gab viel Essen und Wein. Und wieder vergaß der Graf seinen Turmbläser, und keiner brachte Eulenspiegel etwas von dem Festessen.

Da rief Eulenspiegel: „Feinde! Feinde!" und blies in sein Horn.

Der Graf und seine Ritter standen schnell auf, legten ihre Rüstung an und liefen zum Tor hinaus. Da kam Eulenspiegel vom Turm herunter, nahm Essen und Wein vom Tisch und ging wieder auf den Turm.

Der Graf und seine Ritter aber fanden keine Feinde vor der Burg. Sie kamen wütend zurück, und der Graf fragte Eulenspiegel: „Warum hast du uns aus der Burg gejagt? Es waren gar keine Feinde da!"

Da antwortete Eulenspiegel:

„Wenn man Hunger und Durst hat und kein Essen bekommt, muss man eben schlau sein."

Aber bald machte ihm die Arbeit als Turmbläser keinen Spaß mehr. Eulenspiegel wanderte nach Lüneburg und fand dort neue Arbeit.

7A12 *Was ist richtig? Kreuze an.*

1. Ein Turmbläser ...

a	klettert auf den Turm, wenn die Feinde kommen.
b	kämpft auf dem Turm, wenn die Feinde kommen.
c	macht Musik auf dem Turm, wenn die Feinde kommen.
d	bläst auf dem Turm Alarm, wenn die Feinde kommen.

2. Der Graf brauchte viel Geld, weil ...

a	er die Feinde bezahlen musste.
b	er viele Ritter bezahlen musste.
c	er Kühe und Schweine kaufen musste.
d	er jeden Tag ein Fest feierte.

3. Till Eulenspiegel blies nicht in sein Horn, denn ...

a	er wollte lieber tanzen.
b	er war hungrig.
c	er konnte die Feinde nicht sehen.
d	er schlief am Turmfenster.

4. Till Eulenspiegel blies in sein Horn, weil ...

a	er essen und trinken wollte.
b	er Feinde sehen konnte.
c	der Graf und die Ritter kämpfen wollten.
d	die Feinde Hunger und Durst hatten.

7A13 *Warum hat Till Eulenspiegel nicht mehr als Turmbläser gearbeitet? Was erzählt er?*
Schau in den Kasten und erzähle im Perfekt wie im Beispiel.

Die Ritter ...	– immer nur kämpfen – dauernd Feste feiern – viel Geld brauchen – Tiere, Essen und Geld von den Bauern holen – die Dörfer und Felder zerstören – die Bauern schlecht behandeln
Die Bauern ...	– immer Hunger haben – viel arbeiten – nichts verdienen – sehr arm leben
Ich ...	– nicht mehr beim Grafen arbeiten – keine Lust mehr haben – neue Arbeit suchen – dann in Lüneburg leben

Die Ritter haben immer nur gekämpft. ...

7B1 *Verben: Konjugation Perfekt*

a) regelmäßig

Infinitiv			machen	rechnen	basteln	vorspielen	verstecken
1. Pers. Sg.	ich	habe	gemacht	gerechnet	gebastelt	vorgespielt	versteckt
2. Pers. Sg.	du	hast	gemacht	gerechnet	gebastelt	vorgespielt	versteckt
3. Pers. Sg.	er	hat	gemacht	gerechnet	gebastelt	vorgespielt	versteckt
	sie	hat	gemacht	gerechnet	gebastelt	vorgespielt	versteckt
	es	hat	gemacht	gerechnet	gebastelt	vorgespielt	versteckt
1. Pers. Pl.	wir	haben	gemacht	gerechnet	gebastelt	vorgespielt	versteckt
2. Pers. Pl.	ihr	habt	gemacht	gerechnet	gebastelt	vorgespielt	versteckt
3. Pers. Pl.	Sie	haben	gemacht	gerechnet	gebastelt	vorgespielt	versteckt
	sie	haben	gemacht	gerechnet	gebastelt	vorgespielt	versteckt
			schicken, parken, nähen, ...	arbeiten, warten, ...	klappern, ...	aufmachen, nach-schauen, anmachen, anlegen, ...	verprügeln, verzaubern, wiederholen, entdecken, erzählen, bedienen, besuchen, begrüßen, trainieren, probieren, telefonieren, ...

b) gemischt

Infinitiv			bringen	denken	brennen
1. Pers. Sg.	ich	habe	gebracht	gedacht	gebrannt
2. Pers. Sg.	du	hast	gebracht	gedacht	gebrannt
3. Pers. Sg.	er	hat	gebracht	gedacht	gebrannt
	sie	hat	gebracht	gedacht	gebrannt
	es	hat	gebracht	gedacht	gebrannt
1. Pers. Pl.	wir	haben	gebracht	gedacht	gebrannt
2. Pers. Pl.	ihr	habt	gebracht	gedacht	gebrannt
3. Pers. Pl.	Sie	haben	gebracht	gedacht	gebrannt
	sie	haben	gebracht	gedacht	gebrannt

7B2 *Satzmodell: Satzklammer Perfekt*

Die Mädchen (haben) im Mittelalter auf der Burg Französisch (gelernt).

Die Jungen (haben) im Mittelalter auf der Burg mit Lanzen (trainiert).

8A1 *Wo möchtest du am liebsten wohnen? Erzähle nach dem Schüttelkasten.*

in einem Märchenschloss

in einem Baumhaus

in einem Hochhaus

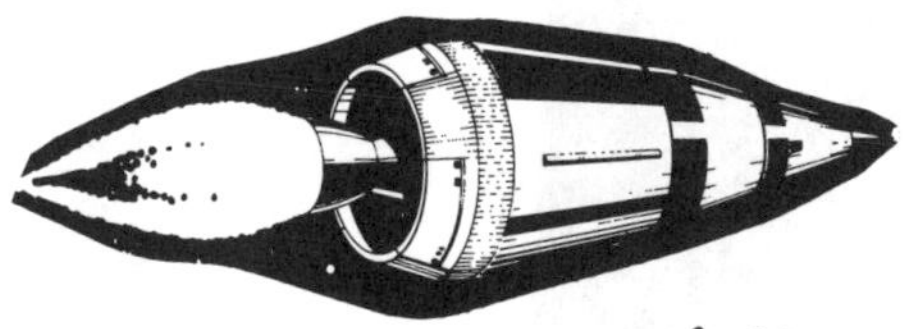

in einem Raumschiff

in einer Höhle

auf einem Bauernhof

in einem Hausboot

in einer Burg

auf einer Insel

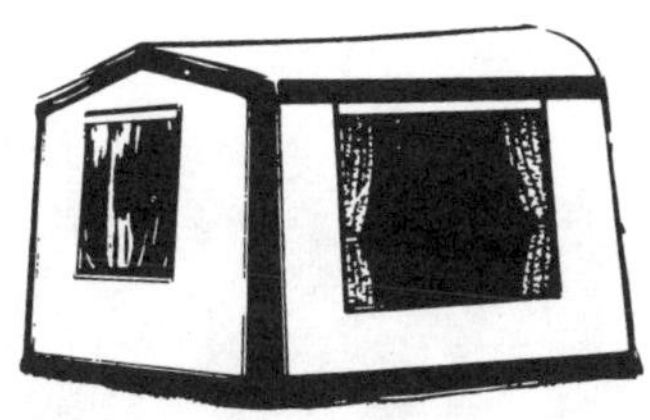

in einem Zelt

Ich möchte am liebsten	in auf	einem einer	Hochhaus Bauernhof Märchenschloss Baumhaus Hausboot Insel Zelt Raumschiff Höhle Burg	wohnen, weil es so	romantisch ist. gemütlich ist. bequem ist. abenteuerlich ist. modern ist. altmodisch ist.

Wohnen in Häusern

In Deutschland, in Österreich und in der Schweiz regnet es viel. In den Bergen schneit es im Winter, und der Schnee liegt hoch. Im Winter ist es nass und kalt. Man baut Häuser mit Doppelfenstern; die Wände sind dick. Weil es soviel regnet und schneit, sind die Dächer spitz. So können Regen- und Schneewasser besser ablaufen.

Früher hat man als Baumaterial nur Holz, Steine, Ziegel und Stroh gekannt. Heute baut man auch oft mit Beton.
Auf dem Land gibt es genug Platz für Menschen und Häuser. In der Stadt und besonders in der Großstadt baut man Häuser mit vielen Stockwerken und Wohnungen, weil es nicht genug Platz gibt.

1. Das Fachwerkhaus

Das Fachwerkhaus hat ein Skelett aus Holz. Die Hölzer sind senkrecht, waagerecht oder schräg. Zwischen den Hölzern sind dann „Fächer". Die „Fächer" füllt man mit Ziegeln. Die Wände sind weiß, und die Hölzer hat man bunt bemalt.
Bauernhäuser, Stadthäuser, aber auch Burgen hat man im Mittelalter mit Fachwerk gebaut. Auch heute noch lebt man in Fachwerkhäusern. Sie sind manchmal über 700 Jahre alt. Fachwerkhäuser findet man heute vor allem noch in Kleinstädten oder auf dem Dorf.

2. Das Hausboot

In Nordeuropa gibt es viele Flüsse und Wasserstraßen. Auf den Wasserstraßen fahren Schiffe und transportieren Waren. Die Schiffer und ihre Familien leben auch auf den Schiffen. Sie wohnen, essen und schlafen an Bord. Sie sind immer auf dem Wasser unterwegs.
Viele Leute leben auch in Hausbooten und bleiben fest an einem Platz. Sie haben ihr Hausboot am Ufer festgemacht und wohnen in einem Haus auf dem Wasser.

3. Das Alpenbauernhaus

Die Bauernhäuser in den Alpen sind ziemlich groß, weil man das Futter und im Winter auch die Tiere ins Haus bringt.
Die Häuser haben Holzdächer. Die Dächer sind oben spitz und gehen weit über die Wände hinaus. Sie sind ein Wetterschutz und schützen das Haus bei Schnee, Regen, Sturm und Wind.
Ein Balkon geht um das Haus herum. Über den Balkon kommt man in die Zimmer.

4. Das Einfamilienhaus

In einem Einfamilienhaus lebt nur eine Familie. Das Einfamilienhaus hat entweder nur ein Erdgeschoss wie der Bungalow oder es hat noch ein Stockwerk. Einfamilienhäuser liegen fast immer in Vororten. Meistens haben Einfamilienhäuser einen Garten und einen Keller. Wenn das Haus einen Keller hat, wird es nicht so schnell kalt und feucht. Im Keller sind der Vorratsraum, die Waschküche und oft auch ein Hobbyraum.

5. Das Mehrfamilienhaus

6. Das Hochhaus

In einem Mehrfamilienhaus leben mehrere Familien. Die Bewohner leben in Wohnungen. Meistens haben sie die Wohnungen gemietet. Das Haus hat mehrere Stockwerke. Häuser mit mehr als fünf Stockwerken haben heute meistens einen Fahrstuhl.

Wenn ein Haus mehr als sieben Stockwerke hat, nennt man es Hochhaus. Hochhäuser liegen oft im Zentrum von Großstädten. Weil es dort wenig Platz gibt und die Bauplätze sehr teuer sind, baut man in Großstädten Häuser mit sehr vielen Stockwerken.

8A2 *Welches Haus ist gemeint? Erzähle.*

Beispiel:

1. Mit dem Hausboot kann man fahren.

1. Mit dem ... kann man fahren.
2. ... hat nicht so viele Stockwerke.
3. ... findet man in den Bergen.
4. ... ist heute meistens aus Beton.
5. Hölzer halten die Wände beim ... .
6. Das ... hat Platz für viele Menschen.
7. Das ... sieht von außen bunt aus.
8. Für die Wohnung im ... muss man bezahlen
9. Man baut das ..., wenn es nicht viel Platz gibt.
10. Im ... hat man schon in der Ritterzeit gewohnt.
11. Im ... kommt man nicht nur über die Treppe in die Zimmer.
12. Auf dem ... kann man wie in einem Haus wohnen.
13. Beim ... laufen vom Dach Regen- und Schneewasser sehr gut ab.
14. Um das ... herum pflanzt man Blumen und Bäume.
15. Im ... wohnen im Winter nicht nur Menschen.
16. In die Stockwerke oben im ... kann man fahren.
17. Die Waschküche liegt beim ... im Keller.
18. Das ... kann auch an einem Platz am Ufer liegen bleiben.
19. Das ... gibt es fast nie im Zentrum von Großstädten.
20. In Kleinstädten kann man selten ein ... sehen.

Familie Häusermann

Herr Häusermann und seine Frau haben sich in einem Möbelgeschäft kennen gelernt. Drei Monate später haben sie geheiratet. Sie haben nicht viel Geld gehabt.
Zuerst haben sie ein Zimmer in einem Bauernhaus gemietet. Sie haben einen Kleiderschrank, ein Bett, einen Esstisch, vier Stühle, eine Lampe, einen Herd und einen Fernseher gekauft. Frau Häusermann hat sogar in dem Zimmer gekocht.
Dann hat Frau Häusermann ein Sofa und zwei Sessel gekauft. Da wurde ihnen das Zimmer zu klein, und sie haben eine neue Wohnung gesucht. Sie haben eine Zweizimmerwohnung mit Küche und Bad in einem Fachwerkhaus gemietet. Häusermanns haben nun einen Wohnzimmerschrank, einen Küchenschrank, einen Küchentisch, Küchenstühle, Lampen und einen Kühlschrank gekauft.
Dann haben Häusermanns eine Tochter bekommen. Da war ihnen die Zweizimmerwohnung zu klein, und sie haben eine neue Wohnung gesucht. Sie haben eine Dreizimmerwohnung in einem Mehrfamilienhaus gemietet.
Häusermanns haben Teppiche, ein Bücherregal, einen Wohnzimmertisch, ein Kinderbett, eine Kommode, Bilder, einen Spiegel und eine Waschmaschine gekauft.
Dann haben Häusermanns einen Sohn bekommen. Da wurde ihnen auch die Dreizimmerwohnung zu klein, und sie haben eine neue Wohnung gesucht. Sie haben nun eine Vierzimmerwohnung in einem Hochhaus gemietet.
Häusermanns haben jetzt noch ein Kinderbett, einen Schreibtisch, zwei Kleiderschränke und eine Spülmaschine gekauft.
Dann haben Häusermanns im Lotto gewonnen. Da war ihnen die Vierzimmerwohnung zu klein, und sie haben ein Einfamilienhaus mit fünf Zimmern und Garten in einem Vorort gekauft.

So sieht die „Villa Häusermann“ aus:

8A3 *Wohin haben sie die Sachen gestellt/gelegt/gehängt?*
Schau in die Zeichnung auf S. 96, erzähle und schreib in dein Heft.

Sie	haben	den die das die	Schreibtisch Kleiderschrank Wohnzimmerschrank Küchenschrank Bücherregal Bett Spielzeugregal Esstisch Stühle Sofa Sessel Lampe Garderobe Fernseher Herd Spülmaschine Waschmaschine Kühlschrank Küchentisch Küchenstühle Spiegel Wohnzimmertisch Kinderbett	in den in die ins	Wohnzimmer Schlafzimmer Kinderzimmer Esszimmer Küche Flur	gestellt. gehängt. gelegt.

8A4 *Spielt Interview und fragt euch untereinander. Die Notizen helfen euch dabei.*

Herr und Frau Schilling,
1. wo haben Sie sich kennen gelernt?
2. wann haben Sie geheiratet?
3. wo haben Sie zuerst gewohnt?
4. was für eine Wohnung haben Sie zuerst gehabt?
5. haben Sie damals genug Geld gehabt?
6. haben Sie gleich alle Möbel gekauft?
7. haben Sie auch Kinder bekommen?
8. was für eine Wohnung haben Sie dann gemietet?
9. sind Sie mit Ihrer Wohnung zufrieden?

1. Wir haben uns in den Ferien kennen gelernt. ...

A. <u>Herr und Frau Schilling</u>
1. in den Ferien
2. zwei Jahre später
3. auf dem Campingplatz
4. der Wohnwagen
5. wenig verdienen
6. keine Möbel brauchen
7. Zwillinge
8. die Dreizimmerwohnung im Zentrum
9. schön und modern

B. <u>Herr und Frau Claasen</u>
1. bei Freunden
2. sechs Monate später
3. in einem Vorort
4. der Bungalow
5. gut verdienen
6. die Eltern: die Möbel schenken
7. zwei Söhne
8. das Fachwerkhaus in einer Kleinstadt
9. romantisch und gemütlich

C. <u>Herr und Frau Blume</u>
1. im Blumengeschäft
2. ein Jahr später
3. in einer Großstadt
4. die Zweizimmerwohnung
5. gut verdienen
6. nicht viel Platz haben
7. vier Kinder
8. das Bauernhaus in einem Dorf kaufen
9. altmodisch, aber bequem

Holter polter

Ein Gedicht nach Siegfried Buck

Thomas sitzt zur Mittagszeit
über seiner Schularbeit.
Lottchen unten vor der Tür
ruft hinauf: „Komm, spiel mit mir!"

Und sofort wird Thomas munter,
und er rennt die Treppe runter.

Holter
polter
holter
polter
holter
polter.

Hier macht er Frau Poser wach:
„Immer dieser Kinderkrach!"

Holter
polter
holter
polter
holter
polter.

Onkel Küfer sagt ganz böse:
„Jeden Mittag das Getöse*!"

Holter
polter
holter
polter
holter
polter.

Unten ruft Frau Sauerwein:
„Das kann nur der Thomas sein!"

Lottchen sagt: „So ein Getue** wegen dieser Mittagsruhe!"

8A5 *Lest das Gedicht mit verteilten Rollen und spielt dann die Geschichte.*

*Getöse: *Krach* **Getue: *Zirkus*

8A6 *Berichtet nach dem Schüttelkasten, was da los war.
(Symbole ● ◐ ○ vgl. S. 104, 8B2)*

Thomas Lottchen Der Nachbar Die Nachbarin	○	machte	Hausaufgaben.	
		hatte	keine Lust.	
		machte	Krach.	
		ärgerte	die Nachbarn.	
		störte	alle Leute.	
		wartete	auf der Straße.	
		schimpfte	laut.	
		hörte	den Krach.	
		öffnete	die Tür.	
		wachte	plötzlich	auf.
	◐	brachte	ihren Ball	mit.
		rannte	sehr schnell.	
	●	saß	am Schreibtisch.	
		fand	die Arbeit langweilig.	
		lief	die Treppe	runter.
		kam	zu Thomas.	
		stand	unten an der Haustür.	
		rief	ihren Freund.	
		schlief	mittags.	
		fand	die Nachbarn blöd.	
		sprang	aus dem Bett.	
		las	Zeitung.	
		wurde !	böse.	
		ging	an die Tür.	
		sah	Thomas an der Treppe.	
		war	sehr laut.	

8A7 *Du bist Thomas / Lottchen / die Nachbarin / der Nachbar. Was erzählst du?*

habe	Hausaufgaben	gemacht.	○
	keine Lust	gehabt.	
	die Nachbarn	geärgert.	
	alle Leute	gestört.	
	auf der Straße	gewartet.	
	laut	geschimpft.	
	den Krach	gehört.	
	die Tür	geöffnet.	
	meinen Ball	mitgebracht.	◐
	am Schreibtisch	gesessen.	●
	ein Lied	gesungen.	
	unten an der Haustür	gestanden.	
	meinen Freund	gerufen.	
	mittags	geschlafen.	
	Zeitung	gelesen.	
	Thomas auf der Treppe	gesehen.	
bin	plötzlich	aufgewacht.	○
	sehr schnell	gerannt.	◐
	die Treppe	runtergekommen.	●
	zu Thomas	gekommen.	
	aus dem Bett	gesprungen.	
	an die Tür	gegangen.	
	sehr laut	gewesen.	
	böse	geworden.	

8A8 *Was ist vorher passiert? Erzähle wie in den Beispielen und schreib in dein Heft.*

Beispiel: Thomas kommt aus der Schule. (er – bis 3 Uhr Schule haben)
Er hat bis 3 Uhr Schule gehabt.

1. Die Mutter von Thomas ist nicht da.
   (sie – weggehen)
2. Thomas sitzt vor der Tür.
   (er – schon eine Stunde warten)
3. Er rutscht im Treppenhaus.
   (es – ihm langweilig werden)
4. Eine Nachbarin macht die Tür auf.
   (sie - den Krach hören)
5. Er springt die Treppe rauf und runter.
   (die Mutter – immer noch nicht kommen)
6. Ein Nachbar öffnet die Tür.
   (er – von dem Krach aufwachen)
7. Der Nachbar schimpft.
   (Thomas – ihn stören)
8. Herr Meier macht die Tür auf.
   (Thomas – ein Lied singen)
   (Thomas – ihn ärgern)

9. Thomas steht an der Haustür.
   (er – böse werden)
   (er – aus dem Haus rennen)
10. Frau Schulz macht das Fenster auf.
    (sie – Thomas sehen)
11. Thomas geht ans Fenster.
    (Frau Schulz – ihn rufen)
12. Thomas freut sich.
    (Frau Schulz – ihm Schokolade bringen)
13. Da kommt die Mutter zurück.
    (sie – im Supermarkt sein)
14. Die Mutter und Thomas gehen in die Wohnung.
    (die Mutter – die Tür öffnen)
15. Thomas und die Mutter lachen.
    (sie – den Schlüssel in seiner Schultasche finden)

Der Tag, der ganz schrecklich gewesen ist

Gestern ist der Tag ganz schrecklich gewesen. Der Tag hat morgens schon ganz furchtbar angefangen. Als ich aufgestanden bin, habe ich meine Hausschuhe nicht gefunden. Unser Hund hat in der Ecke gesessen und meine Hausschuhe kaputtgemacht. Dann bin ich über die Eisenbahn von meinem Bruder gefallen und habe mir wehgetan. Danach habe ich mich gekämmt und die Schokolade von gestern Abend im Kamm gehabt. Da habe ich sofort gewusst, dass der Tag ganz schrecklich wird. Zum Frühstück hat es keine Brötchen gegeben, und der Kakao ist über meinen Pullover und meine Hose gelaufen.

In die Schule bin ich zu spät gekommen, weil ich schnell noch andere Sachen angezogen habe. Meine Lehrerin hat ganz schön geschimpft, und sie hat sofort mein Deutschheft genommen. Die Hausaufgaben habe ich aber nicht gehabt. Ich habe sie vergessen. Da hat sie mich vorn neben Max gesetzt. Den habe ich noch nie gemocht. Der

hat mich auch gleich mit seinem Lineal geschlagen. Der Tag gestern ist wirklich ganz schrecklich gewesen!

Dann haben wir in der Pause Fußball gespielt, und Max hat mich von hinten getreten. Und da ist der Ball ins Fenster geflogen, und die Fensterscheibe ist kaputtgegangen. Da hat Max einen Lehrer geholt, und der hat ein Riesentheater gemacht. Da habe ich geheult*, und Max hat „Heulsuse" zu mir gesagt. Nach der Schule habe ich auf Max gewartet, aber der ist mit seinem Bruder nach Hause gegangen, der Feigling! Der Tag gestern ist wirklich ganz schrecklich gewesen!

*heulen: weinen

Dann bin ich mit dem Bus nach Hause gefahren, aber meine Mutter ist nicht zu Hause gewesen. Und ich habe eine Stunde vor der Tür gewartet. Dann habe ich im Treppenhaus gespielt, und alle Nachbarn haben geschimpft. Da bin ich nicht länger im Treppenhaus geblieben. Frau Schulz hat mir durch das Fenster Schokolade gegeben. Als meine Mutter endlich gekommen ist, hat sie meinen Hausschlüssel in der Schultasche gefunden. Zum Mittagessen hat es Zwiebelsuppe gegeben. Ich hasse Zwiebelsuppe! Und so ist es den ganzen Tag weitergegangen. Der Tag ist wirklich ganz schrecklich gewesen!

8A9 *Hast du herausgefunden, **wer** die Geschichte erzählt? Erzähle, wie sein Tag weitergegangen ist.*

Beispiel: (die Lehrerin – viele Hausaufgaben aufgegeben)
Die Lehrerin hat viele Hausaufgaben aufgegeben.

1. er – zwei Stunden gerechnet und geschrieben
2. er – Lottchen angerufen
3. Lottchen – keine Zeit gehabt
4. er – ins Wohnzimmer gegangen (sein), den Fernseher angemacht, und einen Krimi angesehen
5. sein Bruder – auch ins Wohnzimmer gekommen (sein), den Fernseher ausgemacht und den Kassettenrekorder angemacht
6. er – laut geschrien und seinen Bruder verprügelt
7. sein Bruder – zurückgeschlagen
8. er – gegen den Tisch gefallen (sein)
9. ein Zahn – kaputtgegangen (sein)
10. er – mit Mutter zum Zahnarzt gefahren (sein)
11. er – Schmerzen gehabt und Medizin genommen
12. er – früh ins Bett gegangen (sein)
13. der Hund – bei ihm im Bett geschlafen

8A10 *Reime weiter. Die Wörter am Rand helfen dir dabei.*

Mein Abenteuerbuch

Ich **bin** in meinem Zimmer **gewesen**
und **habe** ein Abenteuerbuch **gelesen**.

sitzen vergessen	1. Ich ... lange über dem Buch ... und alles um mich herum	11. Wir ... ihn in die Höhle ... und ... gleich ein Feuer	bringen machen
hören stören	2. Ich ... meine Mutter nicht ..., das Radio ... mich nicht	12. Da ... der Bär einen Tanz ... und ... sofort unsere Herzen	beginnen gewinnen
wegbringen denken	3. Das Buch ... mich weit ..., an Lehrer und Schule ... ich nicht	13. Er ... ganz wunderschön ... und ... um das Feuer	singen springen !
kommen ! nehmen	4. Ein Drache ... in mein Zimmer ... und ... mich an die Hand	14. Wir ... ihn unheimlich gern ... und ... einen Topf mit Suppe	mögen kochen
ziehen fliegen !	5. Er ... mich aus dem Haus ... und ... mit mir über die Stadt	15. Dann ... wir drei um das Feuer ... und ... mit Appetit die Suppe	sitzen essen
fassen aufpassen	6. Ich ... ihn fest am Hals ... und ... beim Fliegen gut	16. Ein Zwerg ... zu uns in die Höhle ... . Er ... ein lustiges Rätsel ...:	rennen ! kennen
tragen schlagen	7. Er ... mich auf seinem Rücken ... und ... kräftig mit seinen Flügeln	17. Wer ist das? *Er ... mit dem Schnee ...* *und ... mit der Sonne ... .*	kommen ! weg- schwimmen !
springen ! singen	8. Wir ... über Wälder und Berge ... und ... zusammen ganz laut	18. Danach ... ich ... und ... laut und froh	aufwachen ! lachen
schwimmen ! kommen !	9. Dann ... wir über das Meer ... und ... zu seiner Höhle	19. Die Lösung ... mir der Zwerg ... . er dich vielleicht auch ...?	sagen fragen
gehen ! fangen	10. Dann ... wir in den Wald ... und ... einen Bären		

8A11 *Hast du die Lösung für das Rätsel gefunden?*

AB, S. 129

8A12 *Ergänze und erzähle wie in den Beispielen.*

1. (Thomas – in seinem Zimmer sitzen)

Als .... , hat er ein Buch gelesen.

Als Thomas in seinem Zimmer (gesessen) (hat), (hat) er ein Buch (gelesen).

2. (die Geschichte – so abenteuerlich sein)

Weil .... , hat er Lehrer und Schule vergessen.

Weil die Geschichte so abenteuerlich (gewesen) (ist), (hat) er Lehrer und Schule (vergessen).

3. (das Buch – so interessant sein)

Er hat seine Mutter nicht gehört , denn ....

Er (hat) seine Mutter nicht (gehört), denn das Buch (ist) so interessant (gewesen).

4. (er – die Drachengeschichte lesen)	Als ..., hat für ihn eine Traumreise angefangen.
5. (der Drache – ihm so gut gefallen)	Weil ..., ist er mit ihm weggeflogen.
6. (er – kräftig mit den Flügeln schlagen)	Der Drache ist sehr schnell geflogen, denn ...
7. (Thomas – sich so sehr freuen)	Weil ..., hat er laut gesungen.
8. (sie – zur Drachenhöhle kommen)	Als ..., haben sie Hunger gehabt.
9. (es – in der Höhle kein Essen geben)	Weil ..., haben sie im Wald gejagt.
10. (sie – im Wald sein)	Als ..., haben sie einen Bären gefangen.
11. (sie – sehr hungrig sein)	Sie haben gleich ein Feuer gemacht, denn ...
12. (er – Angst haben)	Der Bär hat wild um das Feuer getanzt, denn ...
13. (er – schön singen)	Der Bär hat ihnen gut gefallen, denn ...
14. (er – ihre Herzen gewinnen)	Sie haben den Bären nicht gekocht, denn ...
15. (die Suppe – gut schmecken)	Thomas, der Drache und der Bär haben ganz viel gegessen, denn ...
16. (sie – am Feuer sitzen)	Als ..., ist ein Zwerg in die Höhle gelaufen.
17. (der Zwerg – ihm die Lösung sagen)	Als ..., hat Thomas laut gelacht.
18. (sein Traum – hier aufhören)	Weil ..., ist Thomas aufgewacht.

8B1 Verben: Konjugation Perfekt (unregelmäßig)

Infinitiv			stehen			aufstehen			verstehen
1. Pers. Sg.	ich	habe	**ge**stand**en**	ich	bin	auf**ge**stand**en**	ich	habe	verstand**en**
2. Pers. Sg.	du	hast	**ge**stand**en**	du	bist	auf**ge**stand**en**	du	hast	verstand**en**
3. Pers. Sg.	er	hat	**ge**stand**en**	er	ist	auf**ge**stand**en**	er	hat	verstand**en**
	sie	hat	**ge**stand**en**	sie	ist	auf**ge**stand**en**	sie	hat	verstand**en**
	es	hat	**ge**stand**en**	es	ist	auf**ge**stand**en**	es	hat	verstand**en**
1. Pers. Pl.	wir	haben	**ge**stand**en**	wir	sind	auf**ge**stand**en**	wir	haben	verstand**en**
2. Pers. Pl.	ihr	habt	**ge**stand**en**	ihr	seid	auf**ge**stand**en**	ihr	habt	verstand**en**
3. Pers. Pl.	Sie	haben	**ge**stand**en**	Sie	sind	auf**ge**stand**en**	Sie	haben	verstand**en**
	sie	haben	**ge**stand**en**	sie	sind	auf**ge**stand**en**	sie	haben	verstand**en**

8B2 Verben: Konjugation Perfekt mit *sein*

			regelmäßig	*gemischt*	*unregelmäßig*
Infinitiv			○ klettern	◐ rennen	● gehen
1. Pers. Sg.	ich	bin	**ge**kletter**t**	**ge**rann**t**	**ge**gang**en**
2. Pers. Sg.	du	bist	**ge**kletter**t**	**ge**rann**t**	**ge**gang**en**
3. Pers. Sg.	er	ist	**ge**kletter**t**	**ge**rann**t**	**ge**gang**en**
	sie	ist	**ge**kletter**t**	**ge**rann**t**	**ge**gang**en**
	es	ist	**ge**kletter**t**	**ge**rann**t**	**ge**gang**en**
1. Pers. Pl.	wir	sind	**ge**kletter**t**	**ge**rann**t**	**ge**gang**en**
2. Pers. Pl.	ihr	seid	**ge**kletter**t**	**ge**rann**t**	**ge**gang**en**
3. Pers. Pl.	Sie	sind	**ge**kletter**t**	**ge**rann**t**	**ge**gang**en**
	sie	sind	**ge**kletter**t**	**ge**rann**t**	**ge**gang**en**
			aufwachen, rutschen, segeln, reisen, stolpern, wandern, …	brennen, bringen, denken, nennen, …	kommen, laufen, fahren, fliegen, springen, kriechen, reiten, …

Außerdem:

sein:	ich bin gewesen
werden:	ich bin geworden
bleiben:	ich bin geblieben
passieren:	es ist passiert

8B3 Verben: Konjugation Präsens/Präteritum/Perfekt von „mögen“

1. Pers. Sg.	ich	mag	mochte	habe	gemocht
2. Pers. Sg.	du	magst	mochtest	hast	gemocht
3. Pers. Sg.	er	mag	mochte	hat	gemocht
	sie	mag	mochte	hat	gemocht
	es	mag	mochte	hat	gemocht
1. Pers. Pl.	wir	mögen	mochten	haben	gemocht
2. Pers. Pl.	ihr	mögt	mochtet	habt	gemocht
3. Pers. Pl.	Sie	mögen	mochten	haben	gemocht
	sie	mögen	mochten	haben	gemocht

8B4 Satzmodelle: Satzklammer im Perfekt
Perfekt in Satzgefügen . . .

1. Weil es im Zentrum zu wenig Platz gegeben hat, hat man Hochhäuser gebaut.

2. Man hat mit Holz und Ziegeln gebaut, als man Beton noch nicht gekannt hat.

. . . und Satzverbindungen:

3. Bauernhäuser sind früher groß gewesen, denn man hat im Winter die Tiere ins Haus gebracht.

Zu welchem Satzmodell gehören die Sätze? Trage die richtigen Nummern ein.

- [ ] Wir sind gestern nicht weggefahren, weil es geregnet hat.
- [ ] Als wir im Garten gesessen haben, sind wir nass geworden.
- [ ] Es hat uns alle gefreut, dass Oma gekommen ist.
- [ ] Wir haben zusammen Kuchen gegessen, und wir haben Tischtennis gespielt.
- [ ] Vati hat nicht mitgespielt, denn er hat das Geschirr gespült.
- [ ] Als Opa gekommen ist, hat er uns alle ins Kino eingeladen.
- [ ] Weil die Fahrt so lange gedauert hat, sind wir zu spät gekommen.
- [ ] Opa hat gesagt, dass er den Film schon einmal gesehen hat.
- [ ] Wir haben einen Monsterfilm gesehen, aber keiner hat Angst gehabt.

8B5 Perfekt in Wortfrage und Satzfrage

1. Wie hat man Fachwerkhäuser gebaut ?
2. Was für Material hat man für Fachwerkhäuser gebraucht ?
3. Hat man früher schon Beton gekannt ?

Zu welchem Satzmodell gehören die Sätze? Trage die richtigen Nummern ein.

- [ ] Haben die Leute sich gefreut?
- [ ] Welche Kinder sind schon nach Hause gegangen?
- [ ] Wo bist du gestern gewesen?
- [ ] Warum hast du nicht angerufen?
- [ ] Sind alle mitgekommen?
- [ ] Was für ein Fahrrad hast du bekommen?

Lektion 9

In der Stadt

das Blumengeschäft

der Sportplatz

die Post

der Bäcker

das Kino

der Park

der Tierarzt

das Krankenhaus

das Reisebüro

die Schule

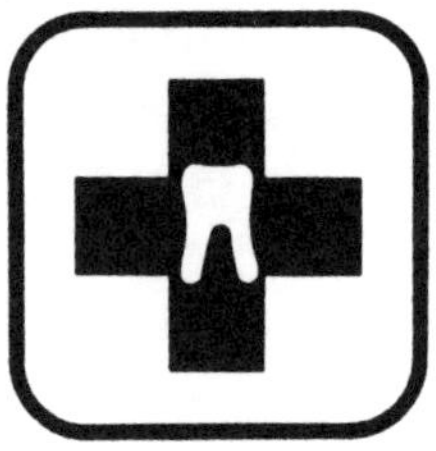
der Zahnarzt

das Restaurant

der Supermarkt

der Fleischer

die Apotheke

der Friseur

der Bahnhof

9A1 *Wohin gehst du? Fragt euch untereinander wie im Beispiel. Der Kasten hilft euch dabei.*

1. Du sollst Brot holen.
2. Du willst deiner Mutter zum Geburtstag Blumen schenken.
3. Du willst ein Fußballspiel sehen.
4. Du willst deinem Freund / deiner Freundin einen Brief schicken.
5. Du willst einen Film sehen.
6. Du willst für eine Party einkaufen.
7. Du willst Enten füttern.
8. Deine Oma ist krank. Du willst sie besuchen.
9. Du willst Pizza essen gehen.
10. Du hast Zahnschmerzen.
11. Deine Katze ist krank.
12. Deine Haare sind zu lang.
13. Du sollst Wurst mitbringen.
14. Du brauchst Aspirin.
15. Du sollst Fahrkarten abholen.
16. Du hast heute Nachmittag ein Schulfest.
17. Deine Tante kommt mit dem Zug.

	Wohin?
in den in die ins	Schule, Park, Supermarkt, Blumengeschäft, Kino, Restaurant, Reisebüro, Krankenhaus
auf den	Sportplatz
zum zur	Tierarzt, Apotheke, Zahnarzt, Bahnhof, Fleischer, Bäcker, Friseur, Post

Beispiel:

Du sollst Brot holen. Wohin gehst du?

Ich gehe zum Bäcker.

Das Schuhu geht einkaufen

9A2 *Erzähle die Geschichte weiter wie im Beispiel und schreib sie dann in dein Heft.*

Beispiel: die Post / eine Briefmarke für die Flaschenpost / die Dame

Das Schuhu geht zur Post und fragt: „Kann man hier eine Briefmarke für die Flaschenpost kaufen?" „Das gibt es hier nicht", sagt die Dame und ärgert sich.

1. der Bäcker/Hundekuchen/der Bäcker
2. der Supermarkt/Superseife/die Verkäuferin
3. das Blumengeschäft/einen Kletterbaum/die Blumenverkäuferin
4. der Friseur/einen Pferdeschwanz/der Friseur
5. das Reisebüro/eine Reise zum Mond/die Dame
6. die Apotheke/Zaubersaft/der Apotheker
7. der Zahnarzt/einen Löwenzahn/der Zahnarzt
8. das Krankenhaus/Gesundheit/der Arzt
9. das Restaurant/Gespenstersalat/der Kellner
10. das Kino/Theaterkarten/die Verkäuferin
11. der Fleischer/Schlangenwurst . . .

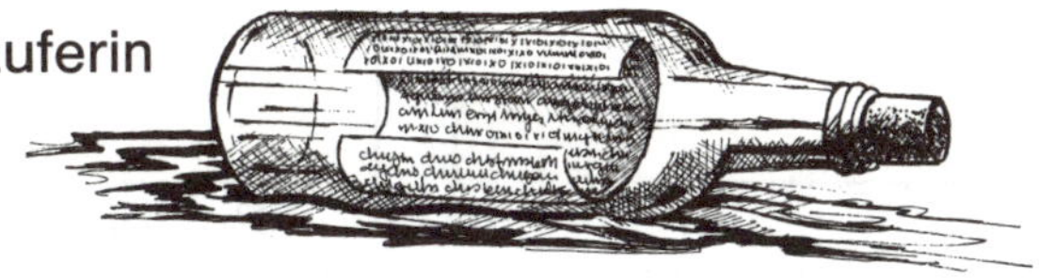

Der Fleischer lacht und sagt: „Leider habe ich nur Elefantenwurst."

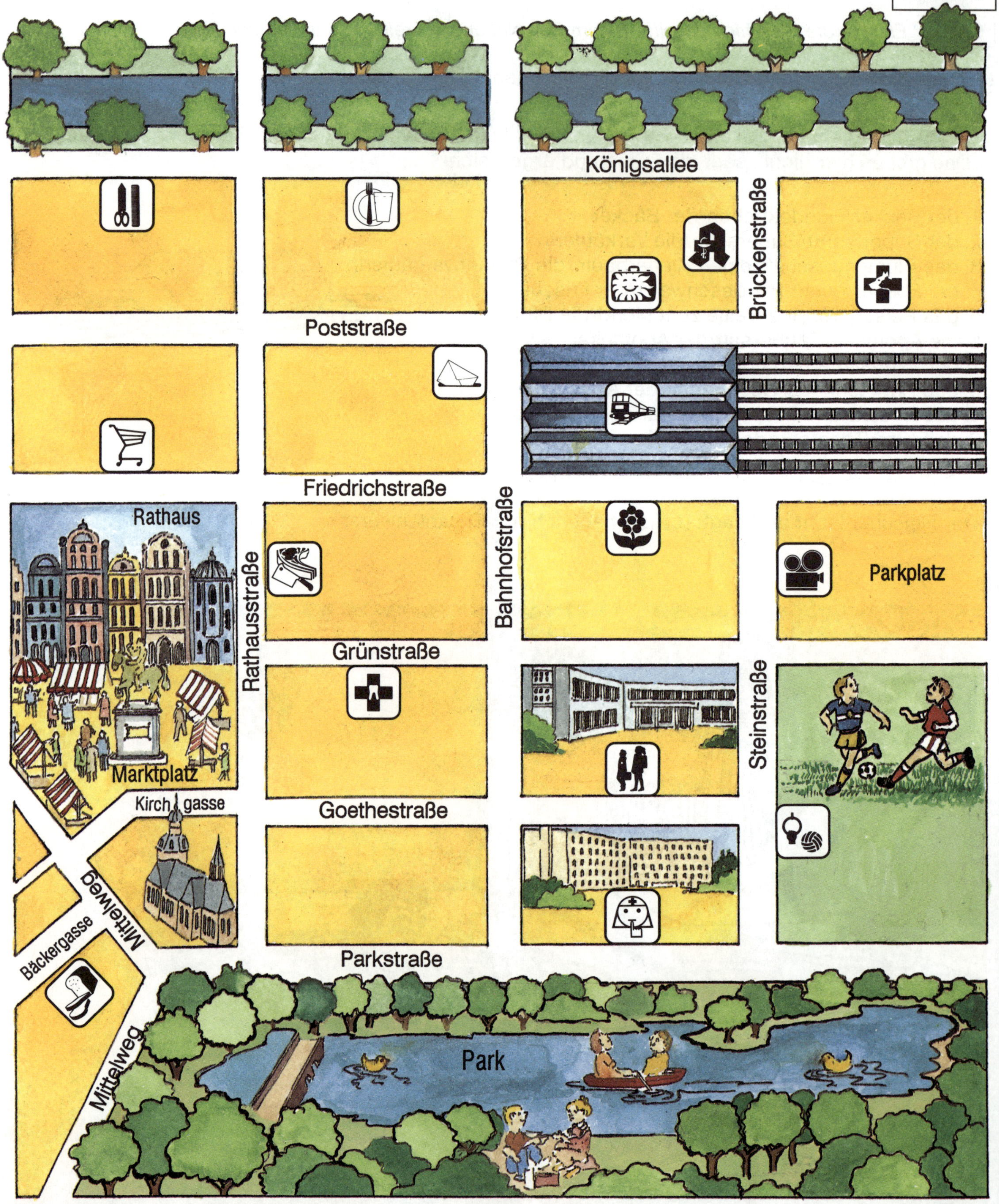

1. die Gasse die Straße entlanggehen die Allee überqueren den Weg	2. den Platz überqueren	3. in die Gasse in die Straße einbiegen in die Allee in den Weg

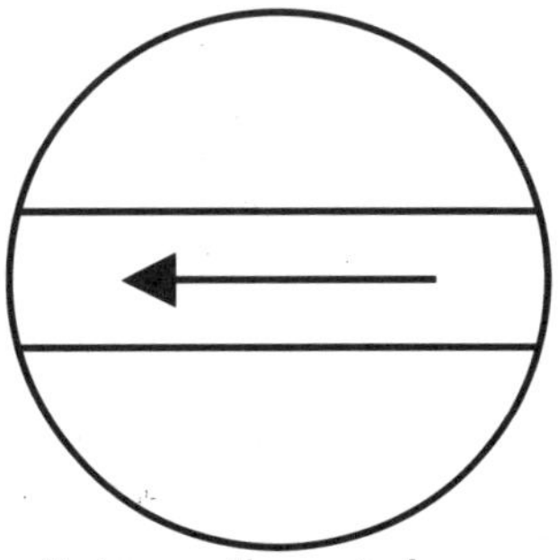

links entlanggehen

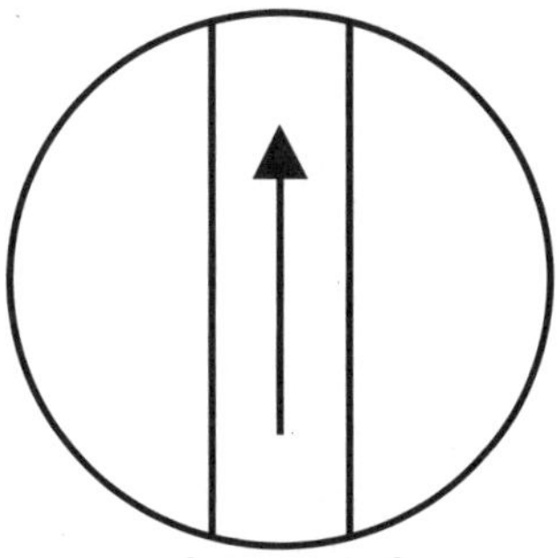

geradeaus gehen

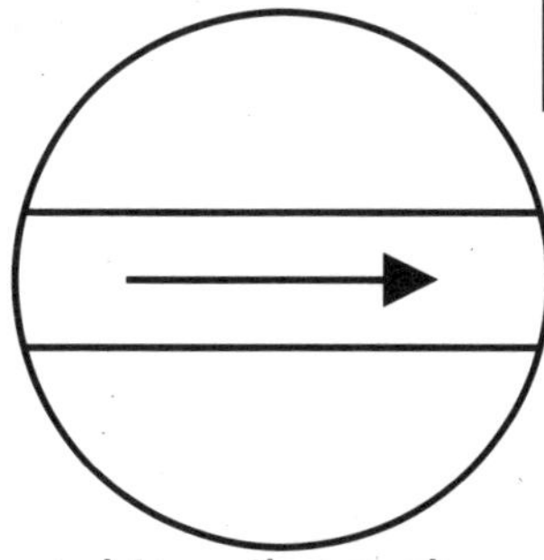

rechts entlanggehen

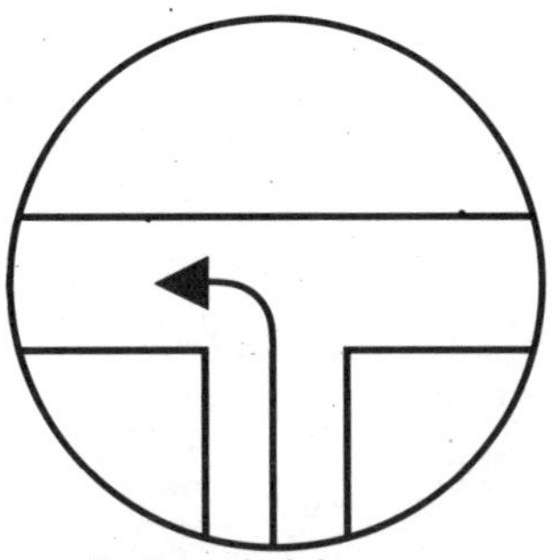

links einbiegen

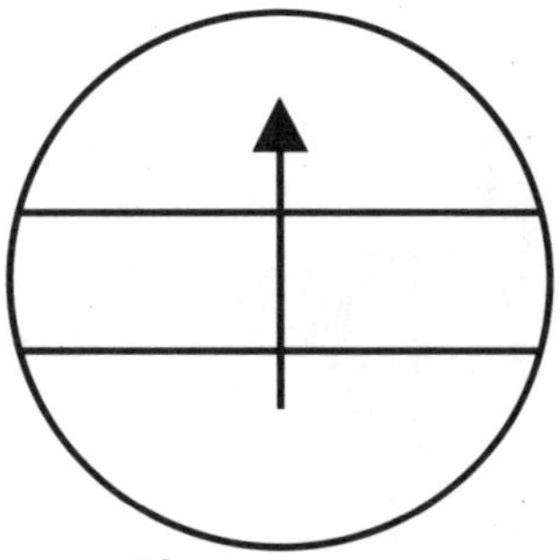

überqueren

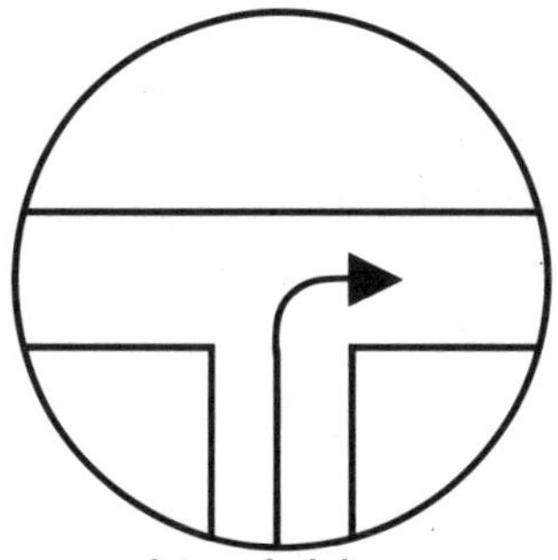

rechts einbiegen

9A3 *Beschreibe den Weg wie im Beispiel.*

Beispiel: Rolf ist beim Bäcker. Er muss noch Würstchen kaufen.

Er geht rechts die Bäckergasse entlang 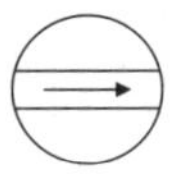 .

Dann überquert er den Mittelweg 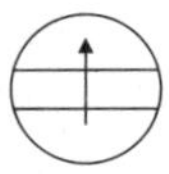 und geht links den Mittelweg entlang 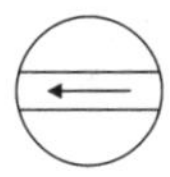 .

Dann biegt er rechts in die Kirchgasse ein 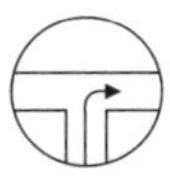 und überquert die Kirchgasse 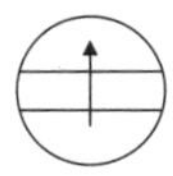 .

Danach überquert er den Marktplatz 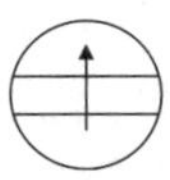 und geht links die Rathausstraße entlang 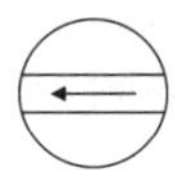 .

Er überquert die Rathausstraße 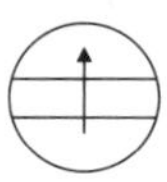 , und da ist der Fleischer  .

1. Silke ist im Supermarkt. Sie muss noch Pflaster kaufen.

1. 2. 3. 4. 5. 6. 7. 8. 9. 10.

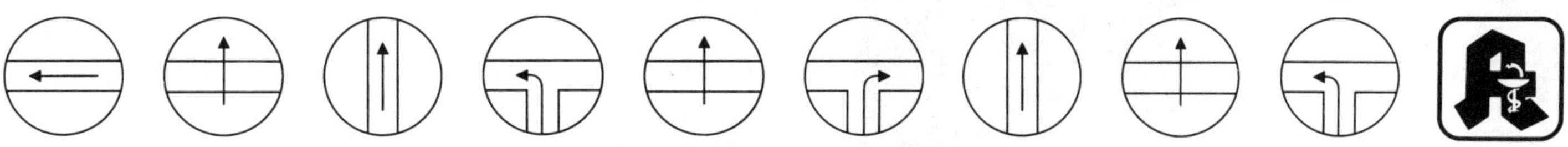

2. Frau Meier ist beim Zahnarzt. Sie will danach ins Kino gehen.
3. Herr Franke ist im Blumengeschäft. Er will seine Frau im Krankenhaus besuchen.
4. Fräulein Rinne ist beim Friseur. Danach muss sie zum Bahnhof.
5. Daniel und Tobias sind auf dem Sportplatz. Sie sollen noch auf dem Marktplatz Obst kaufen.

9A4 *Suche und beschreibe den Weg des Krokodils. Die Bilder und der Stadtplan auf S. 108 helfen dir dabei.*

Feuerwehr sucht Krokodil

Gestern Nacht ist ein Krokodil aus dem Zoo weggelaufen. Um 11 Uhr hat man es im Park gesehen. Dann hat es die Parkstraße überquert und ist in die Steinstraße eingebogen. Danach hat es die Steinstraße überquert und ist auf den Sportplatz gelaufen. Dann …

2. Parkplatz →

3. Schulhof ↙

4. Marktplatz →

5. Bahnhof ↙

6. Königsallee

Morgens um 8 Uhr haben wir das Krokodil auf der Königsallee gefunden. Es ist dort im Wasser geschwommen, und wir haben es wieder in den Zoo gebracht.

9A5 *Wo gibt es das? Fragt euch untereinander wie im Beispiel.*
*Schaut dazu in die **Wo**-Spalte im Kasten.*

1. Mehl
2. Blumen
3. Zeitungen
4. Filme
5. Fahrkarten
6. Pizza
7. Haarwasser
8. Brot
9. Obst und Gemüse
10. Fleisch und Wurst
11. Briefmarken
12. Aspirin
13. Schokolade
14. Hefte
15. Stiefel
16. Lehrer
17. Fußballspiele
18. Autos
19. Kellner
20. Kranke
21. Bäume und Blumen
22. Ärzte
23. Pflaster
24. Brötchen

Beispiel:

Wo gibt es Mehl?

Mehl gibt es im Supermarkt.

Wo?	Woher?	
beim bei der	vom von der	Friseur, Bäcker, Fleischer, Post, Tierarzt, Zahnarzt, Marktfrau
im in der	vom (aus dem) von der (aus der)	Krankenhaus, Blumengeschäft, Kino, Schule, Reisebüro, Bahnhof, Papiergeschäft, Supermarkt, Park, Restaurant, Apotheke, Schuhgeschäft
auf dem auf der	vom von der	Sportplatz, Marktplatz, Straße

9A6 *Bei der Polizei. Woher hat Rudi Räuber die Sachen? Spielt den Dialog mit Inspektor Findig.*
*Schaut dazu in die **Woher**-Spalte im Kasten.*

Die Auskunft

Frau: Entschuldigung, wie komme ich zum Bahnhof?
Mann: Wollen Sie zu Fuß gehen oder mit dem Bus fahren?
Frau: Wie kommt man denn zu Fuß zum Bahnhof?
Mann: Da gibt es zwei Wege. Sie gehen rechts die Rathausstraße entlang. Dann überqueren Sie die Lindenallee. Dann gehen Sie links die Lindenallee entlang und biegen rechts in die Kirchgasse ein. Nun gehen Sie immer geradeaus, und so kommen Sie zum Bahnhof. *Oder* Sie gehen rechts die Rathausstraße entlang, biegen links in die Lindenallee ein und gehen immer geradeaus. Dann biegen Sie rechts in die Bahnhofstraße ein. Sie überqueren die Bahnhofstraße, und dann sind Sie am Bahnhof.
Frau: Sagen Sie mal, wie komme ich denn nun am schnellsten zum Bahnhof?
Mann: Mit dem Bus.
Frau: Und welcher Bus fährt zum Bahnhof, bitte?
Mann: Die Linie 7.
Frau: Und wo ist hier eine Haltestelle?
Mann: Vor dem Rathaus.
Frau: Ich nehme den Bus. Mein Zug fährt in zehn Minuten.
Mann: Der Bus ist gerade weggefahren. Er fährt nur alle zwanzig Minuten.
Frau: Dann muss ich eben zu Fuß gehen! Sagen sie mir doch bitte noch mal, wie ich am *schnellsten* zum Bahnhof komme.
Mann: Ich schreibe Ihnen den Weg auf: Also, Sie gehen rechts die Rathausstraße entlang, biegen in die Lindenallee ein und gehen ...
Frau: Ach, jetzt ist alles zu spät! Der Zug ist gerade abgefahren!

9A7 *Spielt den Dialog.*

9A8 *Fragt euch nach dem Weg und gebt Auskunft. Ihr steht am Bahnhof.*

Beispiel: (Maria und Peter) der Spielplatz

Wie kommen wir zum Spielplatz?

Wo ist bitte der Spielplatz?

Wir möchten gern zum Spielplatz.

Ihr . . .

1. (Frau Bader) die Post
2. (Frau Weiß und Frau Grau) das Rathaus
3. (Herr Maus) die Schule
4. (Jörg) die Turnstraße
5. (Liese und Lotte) die Kirchgasse
6. (Herr Schmitz und Herr Dürr) die Schulstraße
7. (Sarah) der Park
8. (Frau Alt) die Kirche
9. (Karin, Ulla, Ralf) die Parkstraße
10. (Michael und Jan) der Sportplatz

9A9 *Fragt euch untereinander wie in den Beispielen.*

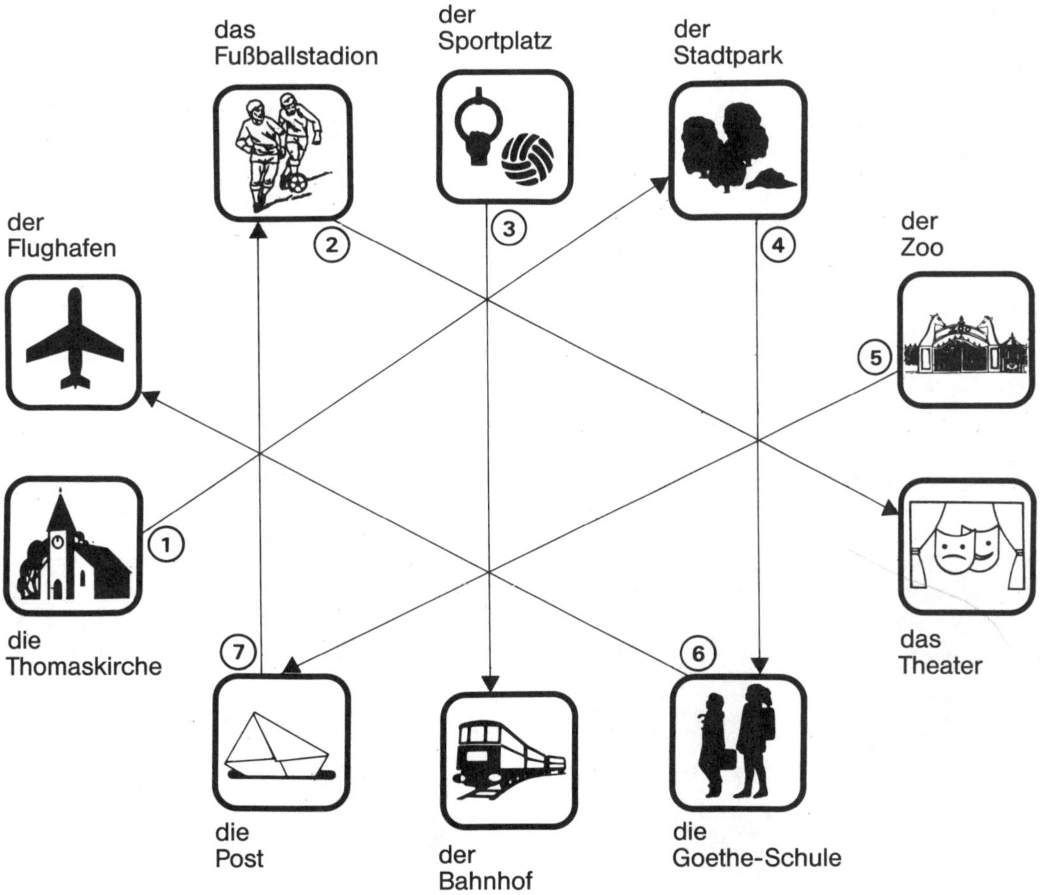

Beispiele:

Wie fährt die Linie 1?

Die Linie 1 fährt
von der Thomaskirche / vom . . .
zum Stadtpark / zur . . . .

Wie komme ich vom Theater/von der . . . zum Bahnhof/zur . . . ?

Du fährst zuerst mit der Linie 2.
Dann steigst du um
und fährst mit der Linie 3 weiter.

Verkehrsquiz

⑦

⑧

9A10 *Kennst du die Verkehrsregeln?*
Nummeriere die Aussagen im Kasten nach den Bildern und ergänze dann die Sätze.

○ nicht sofort hinter dem Ball herlaufen sollen	(1) nach links und rechts schauen müssen
(2) nur bei Grün über die Straße gehen dürfen	○ das Licht anmachen müssen
○ nicht auf dem Bürgersteig fahren dürfen	○ nach rechts oder links zeigen müssen
○ nicht vor dem Bus über die Straße gehen sollen	○ links gehen sollen

	Punkte	
1. Wenn man die Straße überqueren will, dann ...	2	
2. Wenn man an der Ampel die Straße überqueren will, dann ...	2	
3. Wenn es keinen Bürgersteig gibt, dann ...	2	
4. Wenn man mit dem Fahrrad fährt, dann ...	2	
5. Wenn man abends mit dem Fahrrad fährt, dann ...	2	
6. Wenn man mit dem Fahrrad in eine Straße einbiegt, dann ...	2	
7. Wenn man aus dem Bus ausgestiegen ist, dann ...	2	
8. Wenn der Ball auf die Straße fällt, dann ...	2	

zusammen ☐ Punkte

	Bewertung:	
+ +	16 bis 14 Punkte:	Du kennst die Verkehrsregeln sehr gut.
+	12 bis 10 Punkte:	Du kennst die Verkehrsregeln schon ganz gut.
–	8 bis 6 Punkte:	Du kennst die Verkehrsregeln nicht gut.
– –	4 bis 2 Punkte:	Du kennst die Verkehrsregeln überhaupt nicht. Du lebst gefährlich.

Meine Oma fährt im Hühnerstall Motorrad

Text und Melodie: traditionell

Arrangement: Jürgen Schöntges

2. Meine Oma fährt im Kuhstall mit dem Auto, ohne Hupe, ohne Bremse, ohne Licht.

3. Meine Oma fährt im Keller mit dem Fahrrad, ohne Klingel, ohne Bremse, ohne Licht.

9A11 *Macht noch mehr Strophen.*

4. ... im Garten – mit der U-Bahn
5. ... im Zirkus – mit dem Stadtbus
6. ... im Freibad – mit dem Moped
7. ... im Stadtpark – mit dem Traktor
8. ... im Hausflur – mit dem Schnellzug
9. ... im Aufzug – mit den Rollschuh'n

9B1 *Präpositionen mit dem Dativ: aus, bei, nach, von, zu*

	Wohin?	**Wo?**	**Woher?**
maskulin Sg.	Du gehst zum Arzt	Du bist beim Arzt	Du kommst vom Arzt.
	Du gehst zu Herrn Grau.	Du bist bei Herrn Grau.	Du kommst von Herrn Grau.
feminin Sg.	Du gehst zur Tierärztin.	Du bist bei der Tierärztin.	Du kommst von der Tierärztin.
	Du gehst zur Post.		Du kommst von der Post.
neutral Sg.	Du gehst zum Büro.		Du kommst vom/aus dem Büro.
Plural	Du gehst zu den Museen.		Du kommst von/aus den Museen.
!	Du gehst zu Ludwig.	Du bist bei Ludwig.	Du kommst von Ludwig.
	Du fährst nach Berlin.		Du kommst von/aus Berlin.
	Du fährst nach Österreich.		Du kommst aus Deutschland.
			Du kommst aus der Schweiz.
	Du fährst nach Hawaii.		Du kommst von/aus Hawaii.
	Du gehst nach Hause.	Du bist zu Hause.	Du kommst von zu Hause.

9B2 *Wechselpräpositionen mit Akkusativ und Dativ*

	Wohin? (Akkusativ)	**Wo?** (Dativ)
maskulin Sg.	Du gehst in den Zoo.	Du bist im Zoo.
feminin Sg.	Du gehst in die Schule.	Du bist in der Schule.
	Du gehst in die Post.	Du bist in der Post.
neutral Sg.	Du gehst ins Krankenhaus.	Du bist im Krankenhaus.
	Du gehst ins Büro.	Du bist im Büro.
Plural	Du gehst in die Museen.	Du bist in den Museen.
!		Du bist in Berlin.
		Du bist in Deutschland.
	Du fährst in die Schweiz.	Du bist in der Schweiz.
		Du bist auf Hawaii.
	Du gehst auf den Platz.	Du bist auf dem Platz.
	Du gehst auf die Straße.	Du bist auf der Straße.
	Du fährst auf die Insel.	Du bist auf der Insel.
	Du fährst ans Meer.	Du bist am Meer.

Ergänze wie im Beispiel.

Wohin?		**Wo?**	**Woher?**
zum	Bäcker	beim Bäcker	vom Bäcker
...	Oma	...	...
...	Italien	...	...
...	Fluss	...	...
...	Spielplatz	...	...
...	Hamburg	...	...
...	Burghof	...	...
...	See	...	...
...	Frankreich	...	...
...	Friseur	...	...
...	Eltern	...	...

Lektion 10

Der unsichtbare Indianer

Hannes Strohkopp war ein ganz schlechter Schüler. Sport *fünf,* Deutsch *fünf,* Malen *fünf,* Musik *vier.* Gute Noten standen immer nur auf den Zeugnissen von seinen Mitschülern.

Und die ganze Geschichte mit seinem Zauberfreund fing an, weil Hannes keine Ostereier bemalen konnte. Als nämlich die Osterzeit kam, da schaffte Hannes es wieder nicht.
Im Kunstunterricht bemalten alle Ostereier. Da waren bunte Ostereier, gestreifte Ostereier, gepunktete und geblümte Ostereier. Eins schöner als das andere. Aber die Ostereier von Hannes wurden alle graubraunschwarz.
Und wie seine Mitschüler da über ihn lachten!

Nun hatte Hannes aber einen Onkel in Südamerika. Der hieß Jonas. Onkel Jonas war ein wunderbarer Mensch.
Als er vor 11 Jahren nach Südamerika ging, nahm er einen Sack Kartoffeln und eine Gitarre mit. Die Kartoffeln wollte er pflanzen, und die Gitarre wollte er abends am Feuer spielen.
Einmal im Jahr schrieb Onkel Jonas einen Brief. Er berichtete, daß er bei den Indianern lebte und Löwen jagte. Und er konnte einem Löwen eine Fliege vom Kopf schießen. Mit einer Hand! Und der Löwe wachte nicht einmal auf!
Manchmal erzählte Hannes seinen Mitschülern von Onkel Jonas, und wieder lachten alle über Hannes Strohkopp.

Als dann das mit den Ostereiern passierte, schrieb Hannes sofort einen Brief an Onkel Jonas.

Lieber Onkel Jonas,
mir geht es gar nicht gut!
Ich bin furchtbar traurig.
Ich brauche deine Hilfe.

10A1 *Was schrieb Hannes wohl an seinen Onkel? Warum ist er traurig? Welche Hilfe wünscht sich Hannes von Onkel Jonas?*

Und dann, eine Woche später, brachte der Postbote einen Brief für Hannes Strohkopp. Auf dem Brief waren sechs südamerikanische Briefmarken. Zuerst befühlte Hannes den Brief. Das war ja ein dicker Brief! Eine kleine Tüte lag im Brief und ein Zettel:

Lieber Hannes!
Schicke dir hier eine Tüte mit Zauberpulver. Habe die Tüte von einem Indianer.
Sehr kostbar! Lies zuerst die Gebrauchsanweisung, da steht alles drin. Habe keine Zeit, muss noch Löwen jagen.
Dein Onkel Jonas

Die Gebrauchsanweisung erklärte, was Hannes mit dem Pulver machen sollte:

... und dann gibt man das Zauberpulver ins Feuer. Wenn das Pulver blau brennt, legt man sich ins Bett. Und wenn man morgens aufsteht, dann steht er da – der große Freund. Nur man selbst kann ihn sehen, die anderen Leute sehen ihn nicht. Er ist unsichtbar. Man kann mit ihm sprechen, man kann ihn alles fragen. Der unsichtbare Freund ist immer da, und alles ist gut.

Hannes machte alles so, wie es auf dem Zettel stand. Am Morgen wurde er wach, und da saß sein Zauberfreund an seinem Bett. Es war ein bärenstarker Indianer mit Namen „Falkenherz“. Sie gaben sich die Hand und waren Freunde.

Beim Frühstück saß der unsichtbare Freund neben Hannes, und die Mutter sah Falkenherz nicht. Auf dem Schulweg ging Hannes vorn, sein unsichtbarer Freund ging hinter ihm, und keiner sah Falkenherz.
In der Schule bemalten sie wieder Ostereier. Neben der Bank von Hannes saß Falkenherz im Indianersitz und keiner sah ihn. Die Ostereier von Hannes wurden wieder graubraunschwarz.
„Siehst du“, sagte Hannes, „ich kann das nicht. Alles wird falsch.“
„Junge, falsch gibt es nicht. Was ist überhaupt falsch?“ antwortete Falkenherz. „Und los, jetzt male weiter. Ich bin ja da.“

Und Hannes malte mit Grün. Und dann stand da vor ihm ein grünes Osterei mit Streifen.
Das war schön.
„Und jetzt Rot. Ob das aber falsch ist?“ fragte Hannes Falkenherz.
„Nichts ist falsch, wenn man Ostereier bemalt!“ antwortete Falkenherz.
Und Hannes malte Weiter: Das rote Osterei hatte Punkte, das gelbe Osterei hatte Blümchen.
Er malte und malte, er hörte die Klingel nicht und vergaß die Pause. Die anderen Schüler standen um ihn herum und staunten. Plötzlich war Hannes der beste Ostereierbemaler in der Schule. Er konnte ja nichts mehr falsch machen, Falkenherz war ja da!

Der Sommer kam. Es gab Zeugnisse, und alles war gut. Sport *zwei,* Malen *zwei* und keine richtige Fünf mehr!
Dann kam der Herbst.
Plötzlich war Falkenherz weg! Hannes hatte nämlich vergessen, dass in der Gebrauchsanweisung stand: „Indianer bitte vor Kälte schützen.“
Und Hannes schrieb schnell einen Brief an Onkel Jonas. Onkel Jonas schrieb zurück:

> Falkenherz ist gar nicht richtig weg. Er ist jetzt nur ganz unsichtbar, weil es für ihn zu kalt ist. Dein großer Freund ist immer noch neben dir.
>
> Dein Onkel Jonas

Und das stimmt.

(Nacherzählt aus dem Buch von Janosch:
Hannes Strohkopp und der unsichtbare Indianer)

10A2 *Bearbeite die Anschlussaufgabe im Arbeitsbuch.*

10A3 *Was passt? Sammle noch andere Aussagen wie in den Beispielen.*
Der Kasten hilft dir dabei.

ein	gut- empfindlich- glücklich- abenteuerlich- traurig- groß- wunderbar- toll- bärenstrak- fantastisch- langweilig- nett- freundlich- selbständig- blöd- neugierig- unfreundlich- unsichtbar- schlecht- interessant- bös- zufrieden- unheimlich- kostbar–	**er**	Schüler Junge Mann Onkel Jäger Gitarrenspieler Mensch Freund Indianer
eine		**e**	Geschichte
ein		**es**	Pulver Zeugnis
		e	Mitschüler Freunde Noten

Beispiele:

1. Zuerst ist **Hannes**: — ein traurig**er** Junge, ein schlecht**er**...
2. Zuerst sind **die Noten** von Hannes: — schlecht**e** Noten, traurig**e**...
3. **Der Onkel** ist: — ein toll**er** Onkel, ein ...
4. Zuerst sind **die Mitschüler**: — bös**e** Mitschüler,...
5. Am Anfang ist **die Geschichte**: — eine traurig**e** Geschichte,...
6. **Das Zauberpulver** ist: — ein toll**es** Pulver,...
7. **Der Indianer** ist: — ein gut**er** Freund,...
8. Mit seinem Zauberfreund wird **Hannes**: — ein gut**er** Schüler,...
9. **Das Zeugnis** von Hannes ist im Sommer: — ein wunderbar**es** Zeugnis,...
10. **Die Mitschüler** von Hannes sind jetzt: — freundlich**e** Mitschüler,...

10A4 *Was gefällt dir in der Schule? Was gefällt dir nicht so gut in der Schule? Erzähle. Verbinde dazu Nomen und Adjektive wie in den Beispielen. Die Endungen findest du im Kasten auf S. 120.*

groß
lang
kurz
klein
schön
lustig
nett
streng
freundlich
interessant
langweilig
unfreundlich
toll
blöd
leicht
schwer
ordentlich
einfach
ruhig
wütend
...

(der) Sportplatz
(der) Unterricht
(der) Ausflug
(der) Lehrer
(die) Lehrerin
(der) Freund
(die) Freundin
(der) Schulhof
(das) Schulhaus
(das) Klassenzimmer
(die) Klasse
(das) Klassenfest

(die) Pausen
(die) Hausaufgaben
(die) Bilder
(die) Ferien
(die) Themen
(die) Spiele
(die) Mitschüler
...

Beispiele:

Mir gefällt ein großer Sportplatz.

Mir gefallen kurze Pausen nicht so gut.

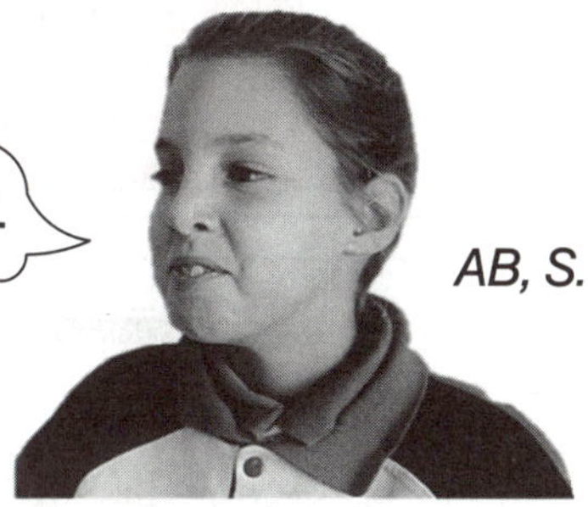

AB, S. 130

Eine kleine, lustige Schulgeschichte

Es war einmal eine kleine, lustige Schule.
In der Schule war ein kleines, lustiges Klassenzimmer.
In dem Klassenzimmer war eine kleine, lustige Tür.
Hinter der Tür stand ein kleiner, lustiger Schrank.
Neben dem Schrank war ein kleines, lustiges Regal.
Hinter dem Regal saß ein kleiner, lustiger Lehrer.
Vor dem Lehrer saßen kleine, lustige Schüler.
Hinter den Schülern war eine kleine, lustige Wand.
An der Wand hing eine kleine, lustige Tafel.
Über der Tafel hing eine kleine, lustige Lampe.
An der Lampe schaukelte eine kleine, lustige Maus.
Und die Maus sagte:

Es war einmal eine alte, kaputte Schule.
In der Schule ...

10A5 *Erzähle die Geschichte weiter mit:*

1. alt – kaputt
2. nett – schmutzig
3. dick – laut
4. dunkel – dumm
5. dünn – ordentlich
6. sauber – blöd

Was die Mitschüler zu Anna sagen

10A6 *Hannes Strohkopp will Anna trösten. Was sagt er noch zu Anna?*

der	freundlich- blond- schön- blau- lustig- sauber- ordentlich- wunderbar- gut- lustig- toll- rot- süß- neu- nett-	**e**	Großvater Computer Zaubertrick Hund
die			Schrift Briefmarkensammlung
das			Gesicht Lachen Heft Zeugnis Herz Fahrrad
die		**en**	Haare Locken Augen Zeichnungen Witze

10A7 *Und was tröstet dich, wenn du traurig bist? Erzähle.*

ein	groß- fröhlich- spannend- nett- interessant- lustig- gut- freundlich- lecker-	**er**	Film Freund Comic
eine		**e**	Schokolade Freundin
ein		**es**	Lied Buch Spiel Fußballspiel
		e	Worte Kekse Bonbons

Beispiel:

Wenn ich traurig bin,
dann trösten mich ein lustiger Film, süße Kekse, ...

Das Klassenalbum

So machen wir ein Klassenalbum:

1. Wir schreiben unsere Namen auf Zettel.
2. Wir legen die Zettel in einen Hut.
3. Der Lehrer geht mit dem Hut durch die Klasse, und alle Schüler nehmen einen Zettel aus dem Hut.
4. Über den Schüler/die Schülerin auf dem Zettel schreiben wir dann etwas ins Klassenalbum.

So wird es lustig:

- eine witzige Zeichnung
- eine lustige Schrift (schräg, im Kreis, ...)
- ein spannendes Rätsel
- bunte Aufkleber
- trockene Blumen

schräg schräg

So wird es persönlich:

- eine kleine Haarlocke
- ein persönliches Foto
- ein schwarzer Fingerabdruck
- eine persönliche Zeichnung

Alles kann ins Album rein,
nur nicht böse darf es sein.

10A8 *Was steht wohl über die Mädchen und Jungen im Klassenalbum? Macht Sprüche nach den Stichwörtern wie im Album.*

1. Jörg:
die Witze (lustig)
die Augen (fröhlich)
der Schlafsack (riesengroß) auf der Klassenfahrt
das Piratenlied (komisch)

2. Sabine:
die Locken (braun)
das Gesicht (freundlich)
die Bootsfahrt (feucht)
die Gespensternacht (unheimlich)

3. Tina:
die Nase (klein)
die Zeichnungen (schön)
die Spiele (lustig) in der Pause
die Geburtstagstorte (groß)

4. Klaus:
die Beine (lang)
die Schuhe (groß)
die Fußballspiele (spannend) im Verein
der Pokal (toll)

10A9 *Macht noch mehr Sprüche wie im Album.*

1. der Adler (stark)
   das Schneewittchen (lieb)
   der Papagei (bunt)

2. die Katze (wild)
   der Elefant (blau)
   das Krokodil (gefährlich)

3. der Tiger (weiß)
   die Eulen (klug)
   das Meerschweinchen (süß)

4. der Hase (schnell)
   der Esel (dumm)
   der Affe (komisch)

10A10 *Und noch mehr Sprüche!*

	der Ausflug
fröhlich	der Spruch
lustig	der Kuchen
freundlich	der Vogel
lieb	die Musik
klug	die Schokolade
süß	die Sonne
gut	das Lachen
glücklich	das Lied
frisch	das Gedicht
nett	
froh	die Geschenke
	die Worte
	die Witze

Beispiel:

Kein fröhlicher Ausflug
und keine netten Worte
trösten dich im Schmerz
wie ein gutes Herz.

Für ... von ...

10B1 Adjektive: Deklination Nominativ Singular/Plural

a) *mit dem bestimmten Artikel*

Singular			Plural
maskulin	feminin	neutral	
-e	**-e**	**-e**	**-en**
der grün**e** Mantel	die grün**e** Bluse	das grün**e** Kleid	die grün**en** Schuhe

Was passt zusammen? Wähle aus und erzähle wie im Beispiel.

rot, grün, gelb, blau, weiß, schwarz, braun, gestreift, geblümt, bunt, gepunktet	der Pullover, der Schal, die Mütze, die Jacke, der Anorak, der Mantel, die Stiefel, das Kleid, das Hemd, die Hose, der Rock, die Bluse, die Sandalen, die Socken, das T-Shirt, die Strümpfe, die Schuhe, die Jeans

Beispiel: Die gestreifte Hose und die roten Strümpfe passen zusammen, ...

b) *mit dem unbestimmten Artikel, Possessivpronomen, Indefinitpronomen*

Singular			Plural	
maskulin	feminin	neutral		
-er	**-e**	**-es**	**-e**	**-en**
ein grün**er** Mantel	eine grün**e** Bluse	ein grün**es** Kleid	grün**e** Schuhe	
mein grün**er** Mantel	meine grün**e** Bluse	mein grün**es** Kleid		meine grün**en** Schuhe
kein grün**er** Mantel	keine grün**e** Bluse	kein grün**es** Kleid		keine grün**en** Schuhe

Gefällt dir das? Erzähle wie in den Beispielen.

Der Schal ist grün.
Ein grüner Schal ist toll/blöd.

Die Hose ist rot.
Eine rote Hose ist toll/blöd.

Das Hemd ist blau.
Ein blaues Hemd ist toll/blöd.

Die Schuhe sind schwarz.
Schwarze Schuhe sind toll/blöd.

1. die Stiefel (gelb)
2. die Jacke (geblümt)
3. der Rock (gestreift)
4. der Badeanzug (gepunktet)
5. die Badehose (schwarz)
6. die Sandalen (braun)
7. der Gürtel (grün)
8. die Schultasche (bunt)
9. die Federtasche (geblümt)
10. das Fahrrad (weiß)
11. der Koffer (rot)
12. das Auto (gelb)

Kofferpacken. Erzähle weiter wie in den Beispielen.

Die grünen Schuhe sind schön.
Meine grünen Schuhe sind schön.

1. Im Koffer sind: die blauen Hemden, die roten Stiefel, ...
2. In Annas Koffer sind: ihre roten Schuhe, ihre neuen Sandalen, ...
3. In Ottos Koffer sind: seine alten Turnschuhe, seine ...
4. In deinem Koffer sind: deine schwarzen Schuhe, deine ...
5. In meinem Koffer sind: meine teuren Buntstifte, meine ...
6. In eurem Koffer sind: eure neuen Bücher, eure ...
7. In unserem Koffer sind: unsere alten Jeans, unsere ...
8. In ihrem Koffer sind: ihre neuen Spielsachen, ihre ...
9. In meinem Koffer sind: keine alten Schuhe, keine ...

Alphabetische Wortliste

Diese Liste enthält alle Wörter, die im *Lehrbuch* „Das Deutschmobil 2“ ganz neu oder mit neuer Bedeutung vorkommen, und gibt an, in welcher Lektion sie zum ersten Mal auftreten. Wörter, die die Schüler aktiv beherrschen sollen, stehen in den Wortlisten zu jeder Lektion im *Arbeitsbuch*.

A

Abend, der 6
Abenteuer, das 8
abenteuerlich 8
Abfall, der 6
abholen 9
ablaufen 8
ablegen 7
Ägypten 4
Alarm, der 7
Allee, die 9
Alpen *(Pl.)*, die 8
altmodisch 8
an Bord 3
anfangen 3
anfassen 6
angreifen 2
angst machen 1
anhaben 7
anhalten 5
anlegen 7
anschauen 5
Apotheke, die 9
Apotheker, der 9
Aquarium, das 4
arg 7
ärgern 1
Art, die 4
auf dem Land 8
aufbauen 7
Aufgabe, die 1
aufgehen 4
aufhören 8
Aufkleber, der 6
aufschließen 5
aufschreiben 7
aufwachen 1
außen 8
Auskunft, die 9
ausprobieren 5
Autobahn, die 1

B

Baby, das 2
Bach, der 5
Bäcker, der 9
Backofen, der 2
Bad, das 8
Badetuch, das 5
Bahnhof, der 9
Banane, die 6
Bank, die 10
bärenstark 10
Bauer, der 2
Bäuerin, die 2
Bauernhaus, das 2
Bauernhof, der 2
Baumaterial, das 8
befreien 2
begrüßen 7
behandeln 7
bekommen 1
belagern 7
Belagerung, die 7
bellen 4
bemalen 8
Benzin, das 5
bequem 8
berichten 10
Beruf, der 7
besichtigen 5
Besichtigung, die 5
besiegen 2
besonders 5
bestehen 1
bestellen 6
bestimmt 2
Besuch, der 3
Beton, der 8
Bettpfanne, die 2
Bettwäsche, die 5
bewegen 5
Bewohner, der 8
bezahlen 8
Bier, das 2
blasen 7
Blech, das 7
blind 4
Blümchen, das 10
Blumengeschäft, das 8
Boden, der 7
Bonbon, das 10
Boot, das 5
böse 1
breit 10
Bremse, die 9
brennen 2
Brett, das 2
Briefmarke, die 6
Brunnen, der 2
Buchstabe, der 7
Bungalow, der 8
bunt 4
Bürgersteig, der 9
Burghof, der 7
bürsten 4
Bus, der 5

C

Campingplatz, der 8
Chefin, die 6
Comic, der 6
Computer, der 10
Cousine, die 6

D

Dach, das 1
Dachboden, der 2
dafür 5
dagegen 5
damals 2
Dame, die 4
das 5
dauernd 4
Diele, die 2
Doppelfenster, das 8
Dorf, das 5
Dose, die 6
draußen 4
dressieren 4
drinnen 5
durchstreichen 7
Durst, der 1

E

Ecke, die 8
einbiegen 9
einfach 1
Einfamilienhaus, das 8
einfarbig 4
einmal 2
einsteigen 5
Eisen, das 7
empfindlich 4
Ende, das 7
endlich 1
entdecken 3
Ente, die 9
entfernt 5
entlanggehen 9
Entschuldigung, die 9
entweder ... oder 4
Erdgeschoss, das 8
Erfolg, der 3
Erinnerung, die 10
erreichen 2
erschrecken 1
Erwachsene, der 1
Esstisch, der 8
Esszimmer, das 8
Eule, die 1

F

Fachwerk, das 8
Fachwerkhaus, das 8
Fahne, die 3
Fahrer, der 5
Fahrkarte, die 9
Fahrstuhl, der 8
Falkenherz 10
fangen 1
Farbe, die 6
fassen 8
Fee, die 2
Feigling, der 8
Feind, der 7
Feld, das 2
Fell, das 4
Fenster, das 1
Fensterscheibe, die 8
Ferienplan, der 4
Fernseher, der 3
fertig 6
fest 4
Fest, das 2
festmachen 4
feucht 8
Feuer, das 2
Feuerwehr, die 9
Feuerwehrmann, der 9
Feuerwerk, das 7
Figur, die 7
Fingerabdruck, der 10
Film, der 7
Flaschenpost, die 9
Fleck, der 1
Fleischer, der 9
Fliege, die 10
Flohmarkt, der 4
Flöte, die 6
Flügel, der 8
Flughafen, der 9
Flur, der 8
Fluss, der 5
Flussarm, der 5
flüstern 1
Foto, das 4
Fotoapparat, der 4
Französisch 7
Fräulein, das 2
Freibad, das 5
Freiheit, die 4
Freilichtmuseum, das 5
Freizeit, die 6
freuen (sich ...) 5
freundlich 10
Frieden, der 7
Friseur, der 4
Friseurgeschäft, das 4
froh 8
fröhlich 10
früher 2
furchtbar 2
Fußballmannschaft, die 6
Fußballplatz, der 6
Fußballstadion, das 9
Fußballverein, der 6
Futter, das 3
füttern 2

G

Gang, der 7
Garderobe, die 8
Gasse, die 9
geben (es gibt ...) 3
geben (sich die Hand ...) 10
geblümt 10
Gebrauchsanweisung, die 10
gefallen 4
Gegend, die 5
Gemüse, das 4
gemütlich 8
genau 4
gepunktet 10
gerade 8
geradeaus 9
gern haben 4
Geschäft, das 3
Geschenk, das 4
Geschichte, die 3
Geschwister *(Pl.)*, die 6
Gesicht, das 4
Gespenst, das 1
gespenstern 1
gestern 6
gestreift 4
Gesundheit, die 9
getigert 4
gewinnen 6
Gitarre, die 6
glücklich 2
Glühbirne, die 3
Goldfisch, der 4
Graf, der 7
Gräfin, die 7
Gras, das 2
Großstadt, die 8
gründen 6
Gründer, der 3
Gurke, die 5

H

Haar, das 4
Haltestelle, die 9
Hamster, der 4
Handtuch, das 5
Handwerker, der 6
hängen 1
Hase, der 7
hässlich 10
hassen 8
hauen 7
Hausboot, das 8
Hauskatze, die 4
Hausschlüssel, der 8
Hausschuh, der 8
Haustier, das 4
Haustür, die 4
heiraten 2
heizen 2
hell 3
herauskommen 7
herumfahren 5
herunterkommen 7
Herz, das 6
heulen 1
Heulsuse, die 8
hinausgehen 8
hineinpassen 4
hinterherlaufen 9
Hinweis, der 5
Hobby, das 6
Hobbyraum, der 8
Hochhaus, das 8
Hochwasser, das 5
Hochzeit, die 2
Höhle, die 8
holen 2
Holz, das 2
Holzdach, das 8
Horn, das 7
Hupe, die 5

I

immerzu 7
Indianer, der 10
Indianersitz, der 10
Insel, die 8
interessant 6
Interview, das 6

J

Jagd, die 7
Jugendmusikschule, die 6

K

Kabine, die 4
Kälte, die 10
Kamm, der 5
kämmen 5
Kampf, der 7
kämpfen 2
Kaninchen, das 4
Kapitän, der 3
kaputtgehen 8
Kasse, die 3
Kassettenrekorder, der 4
Kater, der 4
Katze, die 1
Katzenbaby, das 4
Katzenkind, das 4
Kaufmann, der 3
Keks, der 10
Keller, der 1
kennen lernen 8
Kerze, die 3
Kette, die 3
Kinderbett, das 8
Kindermuseum, das 6
Kinderzimmer, das 2
Kinn, das 10
Kino, das 10
klappern 7
klar 7
Klasse, die 3
Klassenalbum, das 10
Klassenfahrt, die 5
Klassenzimmer, das 10
Klavier, das 6
kleben 6
Kleiderschrank, der 8
Kleidung, die 4
Kleinstadt, die 8
Kletterbaum, der 4
Klingel, die 9
klopfen 1
klug 10
Kohl, der 5
König, der 2
Kopftuch, das 1
kostbar 10
Kostüm, das 7
Krach, der 1
Kralle, die 4
Kranke, der 7
Kraut, das 7
Kreis, der 10
Krimi, der 6
Krone, die 5
Küchenschrank, der 8
Küchenstuhl, der 8
Küchentisch, der 8
Kühlschrank, der 8
Kuhstall, der 2
Kunstraum, der 6
Kunstunterricht, der 10
Kurs, der 6
Kuss, der 2

L

Lama, das 4
Land, das 1
Lanze, die 7
Lärm, der 2
leben 1
Lebendfutter, das 4
Leder, das 4
leer 3
Leguan, der 4
lehren 9
leihen 6
Linie, die 9
Loch, das 7
Locke, die 4
losrennen 2
Lösung, die 8
Lotto, das 8

M

Malwettbewerb, der 6
männlich 4
Mannschaft, die 6
Märchen, das 2
Märchenbuch, das 4
Märchenschloss, das 8
Marktplatz, der 9
Maul, das 3
Meer, das 3
Meerschweinchen, das 4
mehrere *(Pl.)* 8
Mehrfamilienhaus, das 8
mehrfarbig 4
Meinung, die 5
meistens 1
Mensch, der 2
Messer, das 3
Metall, das 3
miauen 4
mieten 6
Mist (so ein ...!) 2
mitmachen 6
Mitschüler, der 6
Mittagsruhe, die 8
Mittagszeit, die 8
Mittelalter, das 7
mitten 5
Mitternacht, die 1
Möbel *(Pl.)*, die 4
Möbelgeschäft, das 8
Modell, das 6
modern 8
mögen 8
möglich 7
Monster, das 1
Moped, das 9
Motor, der 5
Motorrad, das 9
munter 8
Museum, das 3
Musikgeschäft, das 4

N

Nachbar, der 8
Nachbarin, die 8
nachschauen 6
Nacht werden 3
Nacht, die 2
Nachthemd, das 5
nah 3
Nähe (in der ...) 5
nähen 7
näher kommen 3
nämlich 1
natürlich 1
nennen 8
nie 2
niedrig 5
noch 1
Norddeutschland 2
Nordeuropa 8
Note, die 10

O

ob 6
Obst, das 4
Ofen, der 2
offen 1
ohne 2
Öllampe, die 2
ordentlich 1

Quellennachweis: Abbildungen

S. 22-24 3 Zeichnungen aus: *spielen und lernen* 5/87, S. 12-17, Velber Verlag, Seelze / **S. 26-28** Comic-Zeichnungen von Hans Bacher, Düsseldorf / **S. 42-43** Fotos © Uitgeverij HET SPECTRUM, Utrecht / **S. 45** 2 Fotos aus: *Das Rad* 6/89, Mary Glasgow Publications, London / **S. 54, 58, 59** Fotos von Karl-Heinz Härtel, Frankfurt/O. / **S. 60** Karte von Kartographie Oberländer, München / **S. 65-67** Fotos von Karl-Heinz Härtel, Frankfurt/O. / **S. 77** Fotos von Achim Kretzschmer, Hamburg / **S. 79** Fotos von Alexis Xanthos, Köln / **S. 80** Zeichnung von Georg Voigt, Athen / **S. 88-89** Fotos mit frdl. Genehmigung von Graf und Gräfin Beissel von Gymnich, Mechernich-Satzvey / **S. 90-91** 4 Abbildungen von Val Munteanu aus: *Ein kurzweilig Lesen von Till Eulenspiegel*, Ion Creangă Verlag, Bukarest / **S. 94** 3 Fotos o. l. und u. r. von Karl-Heinz Härtel, Frankfurt/O.; 1 Foto o. r. von Bayer/Bavaria; 1 Foto u. l. von Kalt/Bavaria / **S. 95** Fotos von Karl-Heinz Härtel, Frankfurt/O.
Alle anderen Fotos von Andreas Douvitsas, Athen.

Quellennachweis: Texte

S. 22-24 Textideen aus: *spielen und lernen* 5/87, S. 12-17, Velber Verlag, Seelze / **S. 45-46** „Viel Arbeit im Schulzoo" nach: *Das Rad* 6/89, Mary Glasgow Publications, London / **S. 48** „Herr Fischer und seine Frau" nach: „Herr Hanselmann bringt ein Geschenk mit" von Hanna Hanisch aus: *Kopfkissengeschichten,* © Rowohlt Taschenbuch Verlag, Reinbek 1981 / **S. 51** Text nach „Das Lama beim Friseur" von Hanna Hanisch aus: *Kopfkissengeschichten,* © Rowohlt Taschenbuch Verlag, Reinbek 1981 / **S. 61** „Das Omnibuslied" von Woodie Guthrie / Fredrik Vahle, © Folkways Music Publ. Inc., für Deutschland, Österreich und die Schweiz © Essex Musikvertrieb GmbH, Köln / **S. 62-63** „Vom Bus, der immer stehen bleibt" nach: „Vom Auto, das immer stehen blieb" von Heinrich Hannover aus: *Der vergeßliche Cowboy* © Rowohlt Taschenbuch Verlag, Reinbek 1980 / **S. 72-73** „Wie sind Mädchen? Wie sind Jungen?" nach „Ein Junge weint doch nicht, oder?" aus *TREFF-Schülermagazin* 10/82, Velber Verlag, Seelze / **S. 74** „Bumfidel wünscht sich eine Puppe" von Marieluise Bernhard-von Luttitz aus: *Bumfidel lacht sich krank,* © Rowohlt Taschenbuch Verlag, Reinbek 1975 / **S. 79** mit frdl. Genehmigung des Kindermuseums Wuppertal, Margret Beckmannshagen / **S. 82, 85** „Ritter Klipp von Klapperbach" von Fredrik Vahle, © AKTIVE MUSIK Verlagsgesellschaft mbH, Dortmund / **S. 86 (Mitte)** mittelalterliche Miniatur aus dem Hortus *deliciarum* der Herrad von Landsperg / **S. 88** mit frdl. Genehmigung von Graf und Gräfin Beissel von Gymnich, Mechernich-Satzvey / **S. 98** „Holter polter" von Siegfried Buck aus: *Lesen - lesen - lesen,* Verlag Moritz Diesterweg, Frankfurt/M. / **S. 118-119** „Der unsichtbare Indianer" nacherzählt aus dem Buch von Janosch: *Hannes Strohkopp und der unsichtbare Indianer,* © Georg Bitter Verlag, Recklinghausen, Ausgabe 1972